JN024483

人気料理の 黄金比 味つけ150

料理のおいしさの決め手は味つけ。そして味つけには、間違いなくおいしく作れる調味料の配合の黄金比率があるのです。

この本は、計量スプーンやカップの表示で「黄金比味つけ」を覚えやすくビジュアル化。調理の最中にサッとページをめくって、「しょうゆ大さじ2：砂糖大さじ1」などと素早く確認できるのが特徴です。

同じ黄金比だれから、絶品おかずが何品も！いつでも安定のおいしさを味わえる王道レシピをぜひ繰り返し作ってみてください。

マリネ液
オリーブ油 白ワインビネガー レモン汁
3 ： 2 ： 2
（大）（大）（小）

濃いめの煮物だれ
しょうゆ 酒 砂糖
3 ： 3 ： 2
（大）（大）（大）

白あえの素
白みそ 白すりごま 砂糖
2 ： 2 ： 2
（大）（大）（大）

オーロラソース
トマトケチャップ マヨネーズ
2 ： 1
（大）（大）

しょうゆ

和食にとどまらない万能調味料

発酵が生み出す豊かな香りとコクは、日本食には欠かせない調味料。その複雑な香りには、花や果実から肉の香り成分までもが含まれ、その数300種以上といわれています。その香りを保つためには、空気に触れて酸化させないことが重要です。

濃口しょうゆ
大豆と小麦を同量混ぜて作られる、最も一般的なタイプ。

薄口しょうゆ
小麦が主原料で関西発祥の淡色しょうゆ。半量の濃口しょうゆで代用できる。

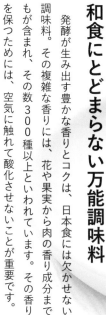

たまりしょうゆ
ほぼ大豆だけで作られ、トロリとして塩味もまろやかで濃厚。

塩

すべての味つけの基本となる

塩は人間の生命維持には欠かせないものですが、過剰摂取は高血圧などの原因とされ、料理の塩加減で、味も体調も左右してしまいます。
一般的な精製塩だけでなく藻塩や岩塩など、塩の種類を使い分けることで、深みのある味わいにできます。

岩塩
海水や塩湖が地層となったもので、結晶が大きくミルでひく。

藻塩
海藻のミネラル分を含んだ、まろやかなうまみのある古代製法。

精製塩
海水からミネラル分を取り除き、99%以上の純度にしたもの。

酢

世界各地に独特な酢と、その食文化が

酢は酒の発酵が進んだもので、ビネガーの語源も「ワインが酸っぱくなった」に由来します。

日本では「米酢」が一般的ですが、イタリアの「ワイン酢」や「バルサミコ酢」も有名。糖分があれば穀物や果実、野菜も原料になります。それぞれに風味が違うので、ドレッシングやマリネなど使い分けるのもポイントです。

バルサミコ酢
赤ぶどうが原料で、表示には12年以上の熟成が基準。

穀物酢
小麦や米など、2種以上の穀物が原料。すっきりしたクセのない酸味。

米酢
まろやかな酸味とコク。米だけが原料のものは「純米酢」。

みそ

日本各地の風土によって個性的な種類と食文化が

主な原料は米、麦、大豆と塩ですが、麹との配合によって、色や風味がまったく違うみそが生まれてきました。

全国地域ごとに特有のみそ文化が、いまも受け継がれています。現在では全国の製品を購入しやすくなり、食材や料理に合わせて手軽に使い分けられるようになりました。

米みそ
大豆に米麹を合わせたもので、最も一般的なもの。

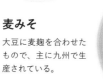

麦みそ
大豆に麦麹を合わせたもので、主に九州で生産されている。

豆みそ
蒸した大豆に麹を合わせ熟成させたもので、主に東海地方で生産。

基本の調味料

砂糖

甘みのある調味料は昔は貴重なものだった

かつてはさとうきびから作られる貴重品でしたが、19世紀以降は寒冷地の甜菜からも生成されるようになりました。

上白糖
さとうきび、甜菜が原料で、まろやかな甘み。糖分を結晶化したもの。

きび砂糖
さとうきびが原料で、独特の風味とコクがありミネラル分を多く含む。

酒・みりん

照りや甘みは調味料の使い分けで

どちらもアルコールを含む調味料ですが、みりんは甘く糖分があり、料理酒と呼ばれる日本酒にはかすかに塩分があります。料理に照りや甘みをつけるのがみりんで、魚の臭み消しや、肉をやわらかくするのが酒です。

清酒
アルコール度数22度未満の日本酒のこと。にごり酒も清酒の仲間。

本みりん
もち米、米麹、焼酎（アルコール）を原料にし2か月ほど糖化・熟成させたもの。

油

植物性脂質は不飽和脂肪酸の宝庫

食用油脂には動物性と植物性があり、植物性にはさまざまな有効成分が認められています。特に不飽和脂肪酸の一部は、体内で合成されないため、植物性油脂から摂取する必要があります。

サラダ油
菜種、綿実、大豆、ごま、サフラワーなどの植物油を調合。日本で開発されたもの。

オリーブ油
オリーブの果実を絞ったもので、種子由来ではない。収穫期や産地で風味などの違いがある。

ごま油
日本では白ごまを焙煎して精製したもの。焙煎の度合いで色や風味に違いがある。

調味料のはかり方／主な調味料の換算表

1かけ・1片とは？

しょうが
親指の第1関節までの大きさで、皮がついた状態。約15g。

にんにく
くし形の中くらいのもの1個。約5g。大きいと約10g。

その他のはかり方

【少々】
親指と人さし指でひとつまみする。

【ひとつまみ】
親指、人さし指、中指の3本の指でつまんだ量。

【ひとつかみ】
片手で軽く握った量。

【適量】
好みで量を加減する。

少々　　　ひとつまみ

	粉状・ペースト状	液状
大さじ1	しっかり詰めてへらやスプーンの柄などですりきりに。	いっぱいに満たし、表面張力で盛り上がってこぼれない量。
大さじ1/2	しっかり詰めてへらやスプーンの柄などで半量を取り除く。	スプーンの高さの2/3くらいまで入れる。
計量カップ	平らなところに置いて、真横から見る。	平らなところに置いて、真横から見る。

	小さじ1 重さ(g)	小さじ1 エネルギー(kcal)	大さじ1 重さ(g)	大さじ1 エネルギー(kcal)
しょうゆ	6	4	18	13
みりん	6	14	18	43
酒	6	5	18	15
みそ	6	12	18	35
精製塩	6	0	18	0
酢	6	1	18	4
上白糖	3	12	9	35
はちみつ	7	21	21	62
カレー粉	2	8	6	25
こしょう	2	7	6	22

	小さじ1 重さ(g)	小さじ1 エネルギー(kcal)	大さじ1 重さ(g)	大さじ1 エネルギー(kcal)
トマトケチャップ	5	6	15	18
ウスターソース	6	7	18	21
オイスターソース	6	6	18	19
マヨネーズ	4	27	12	80
粉チーズ	2	10	6	29
ごま	3	17	9	52
油	4	37	12	111
バター	4	30	12	89
小麦粉	3	10	9	33
片栗粉	3	10	9	30

人気料理の黄金比味つけ150

目次

炒め物・焼き物のたれ

下味・かけだれ・丼つゆ

本書の決まりごと

・本書のレシピは基本的に2人分か4人分ですが、作りやすい分量のものもあります。カロリーは1人分です。調理時間は目安です。同時にできる工程(例えば下味つけや乾物を戻す時間、水きりや味をしみ込ませる時間、炊飯時間など)は含んでいないものもあります。

・計量単位は、1カップ＝200㎖(米をはかるのは180㎖)、大さじ1＝15㎖、小さじ1＝5㎖です。

・各たれ・ソースのレシピ部分の材料比率と作り方は、実際に作るときの作りやすい分量と作り方です。メーカーによって調味料の濃度や塩分などが異なるので、味をみてお好みで調整してください。

・電子レンジは600Wのものを使用しています。500Wの場合は1.2倍の加熱時間を目安に。オーブントースターは1000Wのものを使っています。機種により差が出るので、様子を見ながら加減してください。

・野菜は特記がない限り、皮をむいてからの調理を書いています。しょうが1かけ、にんにく1片のサイズは、5ページを参照。

・各調味料についてのおすすめは2～4ページで紹介しています。オリーブ油はエクストラバージンを使用しています。塩ゆでに使う塩は、材料欄から省いているときがあります。水は、料理の合わせだれに混ぜる場合や水溶き片栗粉用は分量を材料欄に記載していますが、煮汁などで途中で加える場合は、作り方の中に分量が書いてあります。

8

炒め物・焼き物のたれ

炒め物を上手に作るには、たれを手早くしっかりからめること。特に中華炒めは、あらかじめたれを混ぜ合わせておいて、具を炒めたら一気にフライパンに加えてサッと仕上げます。照り焼きは、たれが焦げつかないよう注意。ときどきフライパンを動かしながら、たれを全体に行き渡らせて。

照り焼きだれ

しょうゆ
大 **2**

酒
大 **2**

みりん
大 **2**

砂糖
小 **1**

材料(作りやすい分量)

しょうゆ……………………大さじ2
酒…………………………大さじ2
みりん……………………大さじ2
砂糖………………………小さじ1

作り方

材料をよく混ぜ合わせる。

特徴

すっきりした甘辛しょうゆだれ。焼いた具材にきれいな照りがつけられる。

鶏の照り焼き

ふっくら焼き上げるには火加減がポイント。
最初に皮面を焼きつけたら、
弱めの中火でじっくりと。

286 kcal　　**20** 分

材料(4人分)

鶏もも肉……………………2枚(500g)
さやいんげん………………5本
〈照り焼きだれ〉
　しょうゆ…………………大さじ2
　酒………………………大さじ2
　みりん…………………大さじ2
　砂糖……………………小さじ1
サラダ油……………………小さじ1

鶏の漬け焼き

+塩、こしょうでピリッと！
下味をつけて香ばしく焼きます。

302 kcal　20 分

材料(2人分)
鶏もも肉‥‥‥‥‥‥‥‥‥‥‥‥1枚(250g)
紫玉ねぎ(せん切り)‥‥‥‥‥‥‥‥適量
グリーンカール‥‥‥‥‥‥‥‥‥‥2枚
〈照り焼きだれ〉(右ページ)‥‥‥‥全量
塩‥‥‥‥‥‥‥‥‥‥‥‥‥‥小さじ1/3
こしょう‥‥‥‥‥‥‥‥‥‥‥‥‥少々
サラダ油‥‥‥‥‥‥‥‥‥‥‥‥大さじ1

作り方
❶ 鶏肉は右記「鶏の照り焼き」の手順1
と同様に切り開く。
❷ バットに〈照り焼きだれ〉と塩、こしょ
うを合わせ、①の鶏肉を10分漬けて
下味をつける。キッチンペーパーで
汁けをふく(漬け汁は残しておく)。
❸ フライパンにサラダ油を熱し、右記
手順2・3と同様に鶏肉を皮目から入
れ、中火で4分焼き、焼き色がつい
たら出てきた脂をふき取る。裏返し
て3分焼き、両面に焼き色をつける。
❹ ②の漬け汁を加え、からめながら2
〜3分焼く。食べやすく切って器に
盛り、紫玉ねぎとグリーンカールを
添える。

1 材料の下ごしらえ

鶏肉は余分な脂を除き、白い筋を数か所切る。たれ
がからみやすいよう、半分に切って、厚みのある部
分は斜めに包丁を入れて切り開き、厚みを均等にす
る。さやいんげんはゆでて半分の長さに切る。〈照り
焼きだれ〉は合わせておく。

2 皮目から焼く

フライパンにサラダ油を熱し、中火で1の鶏肉を皮目
を下にして入れ、焼きつける。

3 余分な脂をふき取る

チリチリと音がしてきたら火を弱め、ゆっくりと焼い
ていく。こんがりと焼き色がついて脂が出てきたら、
キッチンペーパーでふき取り、鶏肉を裏返す。

4 たれで味つけ

全体に〈照り焼きだれ〉を回しかけ、ふたをして弱め
の中火で鶏肉を2分ほど蒸し焼きにする。ときどきフ
ライパンを動かしてたれを全体にからめ、肉に弾力
が出てきたら取り出す。残ったたれはつやが出るま
でよく煮つめる。肉を食べやすく切り、器に盛って
煮つめたたれをかけ、いんげんを添える。

おいしくするコツ

● 皮から焼いて余分な脂をしっかり出す。
● 肉を裏返したあとは蒸し焼きでふっくら、ジューシーに。

1 材料の下ごしらえ

ぶりを盆ざるなどに並べ、高い位置から塩を全体にふって15分ほどおく。キッチンペーパーで水けをふく。これで魚の臭みやアクが抜ける。小松菜はサッとゆで、水けを絞って食べやすく切る。

2 ぶりをたれに漬ける

バットに〈照り焼きだれ〉を合わせ、1のぶりを30分ほど漬け込む。ときどき裏返して、全体に味をなじませる。

3 焼く

キッチンペーパーで汁けを軽くふいた2を、魚焼きグリルにのせて焼く。ふくことで、焦げつきを防ぎ、きれいに焼き上がる。

4 途中でたれをぬる

焼きながら、途中2〜3回に分けてスプーンでたれをかけてぬる。両面をそれぞれ3〜4分、照りよく焼く。器に盛り、1の小松菜を添える。

おいしくするコツ

● 焼いている途中でたれを何回かぬると、香ばしく焼き上がる。
● あれば、〈照り焼きだれ〉にゆずの輪切り1/2個分を加えると、風味と香りがアップする。

ぶりの照り焼き

**フライパンで焼くより魚焼きグリルで！
余分な脂がほどよく落ちて、ジューシーに。**

材料（4人分）

ぶり	4切れ
塩	小さじ1/2
小松菜	1束

〈照り焼きだれ〉

しょうゆ	大さじ2
酒	大さじ2
みりん	大さじ2
砂糖	小さじ1

260 kcal / 20 分

いかの漬け焼き

照りよく焼いて薬味にしょうがを。
お酒のおつまみにもピッタリ！

150 kcal　**20** 分

材料(2人分)
するめいか……………………………………………… 2はい
しょうが(すりおろし)……………………………………… 適量
〈照り焼きだれ〉
　しょうゆ………………………………………… 大さじ2
　酒………………………………………………… 大さじ2
　みりん…………………………………………… 大さじ2
　砂糖……………………………………………… 小さじ1

1 **いかの下ごしらえ**

いかは軟骨とワタを取り、胴は中を水でよく洗い、表面に切り目を入れる。足は吸盤を包丁でしごいて取り、中央の茶色いクチバシは指で取り除く。

2 **たれに漬け込む**

バットに〈照り焼きだれ〉を合わせ、1のいかを漬けて冷蔵庫で一晩おく。

3 **焼く**

2の汁けをきり、魚焼きグリルでこんがりするまで焼く。器に盛り、しょうがを添える。

材料(4人分)

鶏ひき肉……… 300g		〈照り焼きだれ〉	
エリンギ……… 3本		しょうゆ…… 大さじ2	
ねぎ(みじん切り)… 10cm		酒………… 大さじ2	
A	みそ…… 大さじ2	みりん…… 大さじ2	
	白いりごま… 大さじ2	砂糖……… 小さじ1	
	パン粉…… 大さじ3	サラダ油… 大さじ1/2	
	卵………… 1個		

1 **材料の下ごしらえ**

つけ合わせのエリンギは手で4つに裂く。

2 **肉だねを練る**

ボウルにひき肉、ねぎ、**A**を入れ、粘りが出るまでしっかり練り混ぜる。12等分にし、手にサラダ油(分量外)をつけて丸める。

3 **焼く**

フライパンにサラダ油を熱し、中火で2を焼く。焼き色がついたら裏返し、フライパンの空いたところにエリンギを加えて焼く。

4 **たれをからめる**

〈照り焼きだれ〉の材料を混ぜ合わせて加え、ふたをして弱めの中火で2〜3分蒸し焼きにする。ときどきフライパンを揺すってたれをからめ、肉につやを出す。器につくねを盛って白ごま適量(分量外)をふり、エリンギを添える。

焼きつくね

肉だねにみそとごまを加えて、
照り焼きだれの甘辛さをマイルドに。

265 kcal　**20** 分

しょうゆ炒めだれ

しょうゆ

大 **2**

酒

大 **2**

砂糖

大 **1**

材料(作りやすい分量)
しょうゆ……………大さじ2
酒………………大さじ2
砂糖………………大さじ1

作り方
材料をよく混ぜ合わせる。

特徴
甘じょっぱく、コクのある
たれ。しょうがやにんにく
を加えて炒め物に。

---

220 kcal ／ **20分**

豚肉のしょうが焼き

おろししょうがだけでなく、おろしにんにくも加えると、たれのコクがアップ！
手早くからめることで、肉がやわらかに。

材料(2人分)

豚ロース肉(しょうが焼き用)………4枚
キャベツ(せん切り)………………2枚
パセリ(みじん切り)……………1/4枝
プチトマト………………6個

〈しょうゆ炒めだれ〉

しょうゆ……………大さじ2
酒………………大さじ2
砂糖………………大さじ1
しょうが(すりおろし)…………大さじ1
にんにく(すりおろし)……………少々
サラダ油……………大さじ1/2

きんぴらごぼう

＋赤唐辛子でパンチを効かせて。
ささがきにすると繊維がやわらかに。

125
kcal

15
分

材料（作りやすい分量）
ごぼう……………………………… 1/2本
にんじん…………………………… 2/3本
赤唐辛子…………………………… 1/2本
〈しょうゆ炒めだれ〉（右ページ）……… 全量
ごま油……………………………… 小さじ2

作り方
❶ ごぼうはささがきにして水にさらし、
　水けをきる。にんじんもささがきに
　する。
❷ 赤唐辛子はぬるま湯で戻し、ヘタを
　取って種を除き、輪切りにする。
❸ フライパンにごま油を熱し、中火で
　赤唐辛子を炒める。①のごぼうとに
　んじんを加え、しんなりするまで炒
　める。
❹ 〈しょうゆ炒めだれ〉を加え、汁けが
　なくなるまで炒める。

1

豚肉の下ごしらえとたれの準備

豚肉は赤身と脂身の境目に筋があるので、包丁で数
か所切り込みを入れておく（筋切り）。ボウルに〈しょ
うゆ炒めだれ〉としょうが、にんにくを混ぜ合わせて
おく。

2

焼く

フライパンにサラダ油を熱し、1の豚肉を入れて表面
を強火で焼き、火が通ったら1の合わせだれを入れて
サッとからめ、肉を取り出す。

3

たれを煮つめる

火加減を弱火にして、そのままたれを煮つめる。

4

豚肉を戻してたれをからめる

焦げる寸前まで煮つめたら豚肉を戻し、上下を返し
ながら手早くたれをからめる。器に盛り、キャベツ
とパセリを合わせ、プチトマトとともに添える。

おいしくするコツ

● 焼きすぎて堅くならないよう、豚肉だけ一度取り出して弱火でたれを煮つめる。
● 濃厚なたれで、下味つけなしでもしっかり味に。

オイスターソース

大 **1**

しょうゆ

大 **1**

酒

大 **1**

砂糖

小 **1**

材料（作りやすい分量）
オイスターソース……大さじ1
しょうゆ……大さじ1
酒……大さじ1
砂糖……小さじ1
作り方
材料をよく混ぜ合わせる。
特徴
かきのうまみエキスが豊富。

259
kcal　20
分

青椒肉絲
チン　ジャオ　ロー　スー

牛肉を細く切ると、とろみのあるたれとからみます。
炒める直前に片栗粉をまぶして、肉のうまみを封じ込めて。

材料（4人分）

牛もも焼き肉用肉………200g

A｜しょうゆ………小さじ1
　｜酒………小さじ1/2
　｜塩………少々

ピーマン………4個
赤ピーマン………1個
たけのこ（水煮）………70g

ねぎ（みじん切り）………5cm
しょうが（みじん切り）………1かけ
〈オイスターソースだれ〉
　オイスターソース…大さじ1
　しょうゆ………大さじ1
　酒………大さじ1
　砂糖………小さじ1

片栗粉………小さじ2
塩………小さじ1/3強
こしょう………少々
サラダ油………大さじ2

牛肉と野菜の
オイスターソース炒め

+ごま油で風味をアップ。
強火で一気に！がおいしく炒めるコツ。

348 kcal　　**15** 分

材料(2人分)
牛薄切り肉‥‥‥‥‥‥‥‥‥‥‥‥120g

	酒‥‥‥‥‥‥‥‥‥‥‥‥小さじ1
A	しょうゆ‥‥‥‥‥‥‥‥小さじ1
	片栗粉‥‥‥‥‥‥‥‥‥小さじ1

たけのこ(水煮)‥‥‥‥‥‥‥‥‥‥100g
まいたけ‥‥‥‥‥‥‥‥‥‥‥‥1パック
アスパラガス‥‥‥‥‥‥‥‥‥‥1/2束
しょうが(薄切り)‥‥‥‥‥‥‥‥‥‥2枚
にんにく(みじん切り)‥‥‥‥‥‥‥1/2片
〈オイスターソースだれ〉(右ページ)‥‥半量
ごま油‥‥‥‥‥‥‥‥‥‥‥‥‥小さじ1
サラダ油‥‥‥‥‥‥‥‥‥‥‥‥小さじ4

作り方
❶ 牛肉は食べやすい大きさに切り、**A**
をまぶす。〈オイスターソースだれ〉
は合わせておく。
❷ たけのこは食べやすい大きさに切り、
まいたけはほぐす。アスパラは3cm長
さに切り、ラップで包んで電子レン
ジで約1分加熱する。
❸ フライパンにサラダ油小さじ2を熱
し、中火でしょうがとにんにくを炒
め、強火にして牛肉を加えて炒め、
取り出す。
❹ 同じフライパンにサラダ油小さじ2を
足し、②を加えて中火で炒め、③の
牛肉を戻し入れ、①の〈オイスター
ソースだれ〉で調味する。仕上げに
ごま油を回しかけてひと混ぜする。

1

材料の下ごしらえとたれの準備

牛肉は6〜7mm幅の細切りにし、**A**をもみ込み、5〜10
分おく。ピーマンとたけのこは4〜5mm幅の細切りに
する。〈オイスターソースだれ〉の材料に片栗粉小さ
じ1と水大さじ2を混ぜ合わせておく。牛肉に片栗粉
小さじ1をまぶす。

2

牛肉を炒める

フライパン(あれば中華鍋)にサラダ油大さじ1を熱
し、1の牛肉をほぐしながら入れて中火で炒める。牛
肉の色が変わったら取り出す。

3

野菜を炒める

2のフライパンにサラダ油大さじ1を熱し、中火でね
ぎとしょうがを炒める。香りが立ったらたけのこ、
ピーマンの順に加えて炒め、2の牛肉を戻し入れる。

4

たれで味つけ

全体に1の〈オイスターソースだれ〉を回し入れ、塩、
こしょうも加えて調味する。

おいしくするコツ

● 手早く仕上げたい中華炒めは、たれの調味料を先に合わせておく。
● 均一に火が通るように、材料の太さをそろえる。

甜麺醤

大 **1**

しょうゆ
大 **1**

みりん
大 **1**

豆板醤

小 **1**

中華スープ

C **1**

195 kcal　15分

麻婆豆腐

ソースが煮立ったところに豆腐を一気に加えるのがポイント。
とろっとまろやかな味に仕上がります。

材料(3〜4人分)
豚ひき肉………………150g
木綿豆腐……………1丁(300g)
ねぎ(みじん切り)…………10cm
しょうが(みじん切り)……1かけ

〈麻婆ソース〉
甜麺醤………………大さじ1
しょうゆ………………大さじ1
みりん…………………大さじ1
豆板醤………………小さじ1
中華スープ…………1カップ

水溶き片栗粉
片栗粉………………小さじ1
水……………………小さじ2
サラダ油………………大さじ1
粉山椒(好みで)……………適量

材料(作りやすい分量)
甜麺醤………………大さじ1
しょうゆ………………大さじ1
みりん…………………大さじ1
豆板醤………………小さじ1
中華スープ…………1カップ
作り方
材料をよく混ぜ合わせる。
特徴
中華の王道ピリ辛ソース。

麻婆なす

＋お酢でさっぱり味に。
揚げたなすは油をよくきって炒めて。

240 kcal **20** 分

材料(4人分)
なす‥‥‥‥‥‥‥‥‥‥‥‥‥‥6個
ねぎ‥‥‥‥‥‥‥‥‥‥‥‥‥10cm
赤ピーマン‥‥‥‥‥‥‥‥‥‥1/2個
豚ひき肉‥‥‥‥‥‥‥‥‥‥‥200g
しょうが(みじん切り)‥‥‥‥大さじ1
にんにく(みじん切り)‥‥‥‥小さじ1
〈麻婆ソース〉(右ページ)‥‥‥全量
酢‥‥‥‥‥‥‥‥‥‥‥‥‥小さじ2
水溶き片栗粉
　片栗粉‥‥‥‥‥‥‥‥‥‥小さじ1
　水‥‥‥‥‥‥‥‥‥‥‥‥小さじ2
万能ねぎ(小口切り)‥‥‥‥‥‥適量
揚げ油‥‥‥‥‥‥‥‥‥‥‥‥適量
サラダ油‥‥‥‥‥‥‥‥‥‥大さじ2

作り方
❶ なすは縦6つ割りにし、180度の揚げ
　油で素揚げにする。
❷ ねぎと赤ピーマンはみじん切りにする。
❸ 豆板醤と甜麺醤以外の〈麻婆ソース〉
　の調味料を合わせておく。
❹ フライパンにサラダ油を熱して中火
　でひき肉を炒め、色が変わったらしょ
　うがとにんにくを加えて炒める。〈麻
　婆ソース〉の材料の豆板醤、甜麺醤
　を加えて炒め合わせ、①のなすと③
　のソースを加えて2〜3分煮つめる。
❺ ②と酢を加えて混ぜ、仕上げに水溶
　き片栗粉を回しかけてとろみをつけ
　る。器に盛り、万能ねぎを散らす。

1

豆腐の下ごしらえとソースの準備

豆腐はキッチンペーパーに包んで電子レンジで2分加
熱して水けをきり、2cm角に切る。豆板醤以外の〈麻
婆ソース〉を合わせておく。

2

香味野菜を炒める

フライパンにサラダ油を熱し、弱めの中火でねぎと
しょうがを炒める。香りが立ったら豆板醤を加え、
全体を混ぜながら炒める。

3

ひき肉を炒めてソースで味つけ

中火にしてひき肉を加えてポロポロにほぐれたら、1
で合わせたソースを加える。

4

豆腐を加える

煮立ったら1の豆腐を入れ、かき混ぜずに2〜3分軽く
煮込み、味をなじませる。仕上げに水溶き片栗粉を
回しかけてとろみをつけ、好みで粉山椒をふる。

おいしくするコツ

● ソースが煮立ったところで豆腐を加えると、味がよくまわる。
● 豆板醤と甜麺醤を使うと、辛みと甘みのバランスが絶妙に。

えびのチリソース炒め

最初に多めの油で
えびをサッと炒めると、
プリプリの食感を楽しめます。

材料(2〜3人分)
えび………………………16尾
A ┌ 酒………………………小さじ2
　└ 片栗粉…………………大さじ1
しょうが(みじん切り)………1かけ
にんにく(みじん切り)………小1片
〈ケチャップ甘辛だれ〉
　トマトケチャップ……大さじ1
　しょうゆ…………………大さじ1
　酒………………………大さじ1
　砂糖……………………小さじ2
　豆板醤…………………小さじ2
塩・こしょう………………各少々
水溶き片栗粉
　片栗粉…………………小さじ1
　水………………………大さじ1
ねぎ(みじん切り)……………5cm
香菜(あれば)………………適量
サラダ油……………………大さじ5

389 kcal　　20 分

1 下ごしらえとたれの準備

えびは殻をむき、背を開いて背ワタを取る。塩少々(分量外)をふりかけて軽くもみ洗いし、水けをふいてAをまぶす。フライパン(あれば中華鍋)にサラダ油大さじ4を中火で熱してえびを炒め、金ざるに取り出し、油をきる。〈ケチャップ甘辛だれ〉は合わせておく。

2 炒める

フライパンにサラダ油大さじ1を熱し、弱火でしょうがとにんにくを炒める。香りが立ったら〈ケチャップ甘辛だれ〉を加えて強火にし、煮立ったら1のえびを加えて手早く炒め、塩、こしょうで味を調える。

3 とろみをつける

仕上げに水溶き片栗粉を回しかけてとろみをつけ、ねぎを加えてひと混ぜする。器に盛り、あれば香菜を添える。

材料(作りやすい分量)
トマトケチャップ・
　しょうゆ・酒…各大さじ1
砂糖・豆板醤…各小さじ2
作り方
材料をよく混ぜ合わせる。
特徴
甘辛さとほどよい酸味が◎。

酢豚

甘酸っぱさがクセになる中華の定番。
野菜を手早くシャキッと炒めて。

398 kcal

30 分

材料(2人分)

豚肩ロースかたまり肉……… 200g

A しょうゆ………………… 小さじ1
  酒…………………… 小さじ1/2

たけのこ(水煮)………………… 50g
ピーマン……………………… 1個
玉ねぎ…………………… 1/2個
にんじん…………………… 1/3本
片栗粉……………………… 適量

〈ケチャップ甘辛だれ〉

  トマトケチャップ…… 大さじ1
  しょうゆ………………… 大さじ1
  酒…………………… 大さじ1
  砂糖…………………… 小さじ2
  豆板醤………………… 小さじ2
  酢…………………… 大さじ1
中華スープ…………… 1/2カップ
水溶き片栗粉
  片栗粉………………… 小さじ1
  水…………………… 大さじ1
揚げ油……………………… 適量
サラダ油…………………… 大さじ1

1 材料の下ごしらえとたれの準備

豚肉は3cm角に切り、Aをもみ込んで5〜10分おく。たけのこは縦半分に切り、ピーマンとともにひと口大の乱切りにする。玉ねぎはくし形に切る。にんじんはひと口大の乱切りにし、4〜5分ゆでてざるに上げて水けをきる。〈ケチャップ甘辛だれ〉は酢、中華スープと合わせておく。

2 豚肉を下揚げする

1の豚肉に片栗粉をまぶし、余分な粉ははたき落とす。揚げ油を低めの中温(165度)に熱し、豚肉を入れてゆっくり揚げる。ときどき箸で返し、全体に浮いてきたら強火にして10秒ほど揚げて取り出す。

3 炒める

フライパン(あれば中華鍋)にサラダ油を熱し、強火で1のたけのこ、玉ねぎ、ピーマン、にんじんの順に手早く炒める。玉ねぎが透き通ってきたら、2の豚肉を加えて炒める。

4 とろみをつける

1で合わせたソースを加え、煮立ったら水溶き片栗粉を回し入れ、サッと混ぜて全体をからめる。

きゅうりと肉みその炒め

315 kcal　10分

濃厚な肉みそがクセになる味。
きゅうりのシャキシャキ感を残して。

材料(2人分)
豚ひき肉 150g
きゅうり 1本
ねぎ 1/4本
しょうが(みじん切り) 1かけ
〈中華甘みそだれ〉
　甜麺醤 大さじ2
　しょうゆ 大さじ1
　酒 大さじ1
　砂糖 大さじ1
　豆板醤 小さじ2
水溶き片栗粉
　片栗粉 小さじ1
　水 小さじ1
サラダ油 大さじ1

1 野菜の下ごしらえとたれの準備
きゅうりは5mm幅の斜め切りに、ねぎは斜め薄切りにする。〈中華甘みそだれ〉の材料を合わせておく。

2 炒める
フライパンにサラダ油を熱し、弱めの中火でねぎとしょうがを炒める。ねぎがしんなりしたら強火にし、ひき肉を加えて炒め、きゅうりも加えてサッと炒める。

3 たれで味つけ
1の〈中華甘みそだれ〉を加えて全体を混ぜながら炒める。仕上げに水溶き片栗粉を回しかけてとろみをつける。

193 kcal　30分

回鍋肉
ホイ コー ロー

豚肉の脂と甘みそがキャベツにからんで
ご飯がすすむ中華おかずに！

材料(3〜4人分)
豚バラ薄切り肉 200g
キャベツ 小1/2個(350g)
ねぎ 1/4本
しょうが(みじん切り) 1かけ
にんにく(みじん切り) 1片
〈中華甘みそだれ〉
　甜麺醤 大さじ2
　しょうゆ 大さじ1
　酒 大さじ1
　砂糖 大さじ1
　豆板醤 小さじ2
サラダ油 小さじ2

1 材料の下ごしらえとたれの準備
豚肉は大きめのひと口大に切る。キャベツは大きめのざく切りに、ねぎは斜め薄切りにする。甜麺醤、豆板醤以外の〈中華甘みそだれ〉を合わせておく。

2 炒める
フライパンにサラダ油小さじ1を熱し、1の豚肉を入れて中火でサッと炒めて取り出す。同じフライパンにサラダ油小さじ1を熱し、弱火でしょうがとにんにくを炒める。香りが立ったらキャベツ、ねぎを加えて強火でサッと炒める。

3 たれで味つけ
甜麺醤、豆板醤を加え、キャベツが少ししんなりするまで炒め合わせ、2の豚肉を戻し入れる。1で合わせた残りの〈中華甘みそだれ〉を加えて、全体をよく混ぜる。

中華甘みそだれ

甜麺醤
大 **2**

しょうゆ
大 **1**

酒
大 **1**

砂糖
大 **1**

豆板醤
小 **2**

材料(作りやすい分量)
甜麺醤 大さじ2
しょうゆ・酒・砂糖 各大さじ1
豆板醤 小さじ2
作り方
材料をよく混ぜ合わせる。
特徴
クセがなく、幅広く使える。

かば焼きだれ

(97 kcal / 10分)

(220 kcal / 20分)

いわしのかば焼き

しっかりした甘辛味のたれを
いわしによくからめて風味よく！

材料(2人分)

いわし	大2尾
塩・こしょう・小麦粉	各適量
〈かば焼きだれ〉	
しょうゆ	大さじ2
みりん	大さじ2
酒	大さじ1
砂糖	大さじ1
甘酢しょうが・粉山椒	各適量
サラダ油	大さじ1

1 いわしの下ごしらえとたれの準備

いわしは包丁で頭と腹ワタを取り除く。腹の内側を手早く水洗いして残った血や汚れを落とし、キッチンペーパーで水けをふく。腹側を上にして親指を上身と中骨の間に差し込み、尾のほうに指を滑らせて手開きする。中骨を取って腹骨をそぎ取る。〈かば焼きだれ〉の材料を合わせておく。

2 焼く

1のいわしに軽く塩、こしょうをふり、小麦粉を薄くまぶす。フライパンにサラダ油を熱し、中火でいわしを身のほうから焼き、裏返して皮のほうも焼いて取り出す。

3 たれをからめる

フライパンを洗って1の〈かば焼きだれ〉を入れて中火で煮立てる。2のいわしを皮を下にして戻して焼き、返して身のほうもたれが煮つまるまで火にかける。器に盛り、煮つめたたれをかけて粉山椒をふり、甘酢しょうがを添える。

厚揚げのステーキ

肉や魚に合うたれは、厚揚げにも好相性！
練りがらしを添えるのがおすすめ。

材料(4人分)

厚揚げ	2枚
玉ねぎ	1/2個
プチトマト・クレソン(あれば)	各適量
〈かば焼きだれ〉	
しょうゆ	大さじ2
みりん	大さじ2
酒	大さじ1
砂糖	大さじ1
サラダ油	大さじ1
練りがらし(好みで)	適量

1 厚揚げの油抜きをする

厚揚げは電子レンジで2分ほど加熱し、表面に浮いた油をキッチンペーパーでふき取る。両面に斜め格子の切り目を入れる。

2 野菜の下ごしらえ

玉ねぎは薄切りにして水にさらし、水けを絞って器に敷く。プチトマトは半分に切る。

3 たれの準備

〈かば焼きだれ〉の材料を合わせておく。

4 焼く

フライパンにサラダ油を熱し、中火で1の厚揚げの両面をこんがりと焼き、3を加えて全体にからめる。食べやすく切って2の器に盛り、プチトマトとクレソンを添える。好みで練りがらしをつけていただく。

しょうゆ 2 大

みりん 2 大

酒 1 大

砂糖 1 大

材料(作りやすい分量)

しょうゆ	大さじ2
みりん	大さじ2
酒	大さじ1
砂糖	大さじ1

作り方
材料をよく混ぜ合わせる。

特徴
具材にからみやすいトロリとした甘辛のたれ。香辛料と合わせても。

ハンバーグ

ハンバーグソース

フライパンに残った焼き汁に
調味料を合わせて
コクのあるソースに仕上げて。

材料(4人分)

合いびき肉	300g
玉ねぎ(みじん切り)	小1個
にんじん(拍子木切り)	1本
さやいんげん	20本
にんにく(すりおろし)	少々
卵	1個
A ┌ パン粉	1/3カップ
└ 牛乳	大さじ1
B ┌ 塩	小さじ1/2
└ こしょう・ナツメグ	各少々
酒	大さじ2

〈ハンバーグソース〉
┌ トマトケチャップ	大さじ4
│ ウスターソース	大さじ2
└ 赤ワイン	大さじ2
塩・こしょう	各少々
サラダ油	適量

 396 kcal　**30** 分

1 材料の下ごしらえ

フライパンにサラダ油大さじ1を熱し、玉ねぎを入れて中火で茶色になるまで炒め、冷ましておく。さやいんげんはゆでて半分に切る。Aは手早く混ぜ、生パン粉状にする。

2 肉だねを練って小判形に整える

ボウルにひき肉と1の玉ねぎ、にんにく、溶きほぐした卵、A、Bを合わせ、粘りが出るまでしっかり練り混ぜる。手にサラダ油少々をなじませ、肉だねを4等分にし、手のひらに交互に打ちつけて空気を抜く。2cmほどの厚みの小判形に成形する。

3 焼く

フライパンにサラダ油大さじ1を熱し、2の中央を少しくぼませて並べ入れ、強めの強火で1〜2分焼きつける。焼き色がついたら裏返し、さらに1〜2分焼く。

4 蒸し焼きにする

酒をふってふたをして、弱めの中火で約7分蒸し焼きにする。中心に竹串を刺し、澄んだ肉汁が出てきたらふたをとって強火にし、汁けをとばして器に盛る。

5 ソースを作る

フライパンに残った焼き汁に〈ハンバーグソース〉の調味料を加え、中火で煮つめて4にかける。フライパンを洗ってサラダ油少々を熱し、にんじんと1のいんげんを中火で炒め、塩、こしょうで調味してハンバーグに添える。

トマトケチャップ
大 **4**

ウスターソース
大 **2**

赤ワイン
大 **2**

材料(作りやすい分量)
トマトケチャップ	大さじ4
ウスターソース	大さじ2
赤ワイン	大さじ2

作り方
材料をフライパンで加熱して合わせる。

特徴
赤ワイン入りの芳醇で濃厚なソース。ケチャップとソースの甘みもほどよい。

バターソース

さけのムニエル バターソース

色鮮やかな生ざけで作りたい
洋食の王道メニュー。
レモンの香りが効いています。

材料(4人分)

生ざけ……………………………4切れ
A 塩・こしょう……………各少々
　牛乳……………………………大さじ4
小麦粉……………………………適量
ズッキーニ………………………1本
レモンのくし形切り……………4切れ
〈バターソース〉
　バター………………大さじ3(36g)
　レモン汁…………………大さじ1
白ワイン……………………大さじ2
塩・こしょう……………………各少々
サラダ油……………………………適量

208 kcal　**20** 分

1 材料の下ごしらえ

生ざけはAをまぶして15分ほどおく。キッチンペーパーで汁けをふいて小麦粉を薄くまぶして、余分な粉をはたく。ズッキーニは輪切りにする。

2 焼く

フライパンにサラダ油大さじ1を熱し、1のさけを盛りつけたときに表になるほうから入れ、強めの中火で約3分、裏返して同じく約3分こんがりと焼く。香りづけの白ワインを回し入れてさけにからめてから、器に盛る。

3 ソースを作る

2のフライパンに〈バターソース〉のバターを溶かし、レモン汁を加えて2の器のさけにかける。フライパンを洗ってサラダ油少々を熱し、1のズッキーニを中火で炒め、塩、こしょうで調味する。レモンとともにさけに添える。

バター	
3	大

レモン汁	
1	大

材料(作りやすい分量)
バター…………大さじ3(36g)
レモン汁…………大さじ1
作り方
材料をフライパンで加熱して合わせる。
特徴
風味豊かなバターとさわやかなレモンが合わさった、洋食の定番ソース。

オーロラソース

ピーマンの肉詰め

ピーマンの甘みが楽しめる一皿。
肉だねの粉チーズの風味と、オーロラソースが絶妙にマッチ！

材料(3〜4人分)
ピーマン……………………6個
玉ねぎ……………………1/2個
合いびき肉………………200g
A
卵……………………1個
パン粉……………大さじ2
粉チーズ…………大さじ1
塩………………小さじ1/4
こしょう・ナツメグ…各少々
小麦粉……………………適量
〈オーロラソース〉
トマトケチャップ……大さじ2
マヨネーズ……………大さじ1
サラダ油…………………大さじ2
粒マスタード(好みで)………適量

241 kcal **20** 分

1 材料の下ごしらえ

ピーマンは縦半分に切って種とワタを除く。玉ねぎはみじん切りにして、サラダ油大さじ1を熱したフライパンで半透明になるまで炒め、粗熱をとる。

2 肉だねを練る

ボウルにひき肉と1の玉ねぎ、Aを入れ、粘りが出るまでしっかり練り混ぜる。

3 ピーマンに肉を詰める

1のピーマンの内側に小麦粉を茶こしでふって余分な粉を払い、2の肉だねを均等に詰める。粉がのりがわりになって、肉とピーマンがはがれにくくなる。

4 焼く

フライパンにサラダ油大さじ1を熱し、たねを詰めた面を下にして3を並べて入れ、こんがりと焼き色がつくまで中火で7分ほど焼く。返してさらに3分焼き、器に盛る。合わせた〈オーロラソース〉をかけ、お好みで粒マスタードを添える。

おいしくするコツ

● 肉だねに粉チーズを練り込んで味にふくらみを出す。
● 肉とピーマンがはがれないよう、小麦粉をふる。

トマトケチャップ

大 **2**

マヨネーズ

大 **1**

材料(作りやすい分量)
トマトケチャップ…… 大さじ2
マヨネーズ……… 大さじ1
作り方
材料をよく混ぜ合わせる。
特徴
マイルドな酸味の洋食ソース。オレンジがかったピンク色も食欲をそそる。

マヨマスタードソース

豚もも肉の マヨマスタードソテー

302 kcal　 **15** 分

マヨネーズ入りのソースに漬けて焼くから、豚肉がしっとりやわらかに！

材料(3〜4人分)
豚もも一口カツ用肉‥‥‥‥‥ 300g
A　塩‥‥‥‥‥‥‥‥‥‥ 小さじ1/3
　　こしょう‥‥‥‥‥‥‥‥‥ 少々
かぶ‥‥‥‥‥‥‥‥‥‥‥‥‥‥ 2個
塩・こしょう‥‥‥‥‥‥‥‥ 各少々
〈マヨマスタードソース〉
　　マヨネーズ‥‥‥‥‥‥ 大さじ4
　　粒マスタード‥‥‥‥‥ 大さじ1
　　にんにく(すりおろし)‥‥ 小さじ1
サラダ油‥‥‥‥‥‥‥‥‥‥‥ 適量

おいしくするコツ

● リッチなソースをまとわせる ことで、淡泊な豚肉に味をしっ かりつけられる。

1 豚肉に下味をつける

豚肉はめん棒などで軽くたたいて形を整え、**A**をまぶす。〈マヨマスタードソース〉をバットに合わせ、豚肉を40〜50分漬ける。

2 焼く

フライパンにサラダ油大さじ1を熱し、〈マヨマスタードソース〉をつけたまま1の豚肉の両面を中火で焼く。焼き色がついたら少し火を弱め、ふたをして4〜5分蒸し焼きにして器に盛る。

3 つけ合わせを作る

かぶは茎を1〜2cm残して葉を切り落とし、水につけて茎のすき間の汚れを除き、縦8つ割りにする。葉はざく切りにする。フライパンにサラダ油少々を熱し、かぶ、葉の順に入れて炒め、塩、こしょうで調味して2の豚肉に添える。

マヨネーズ

 4 大

粒マスタード

 1 大

にんにく(すりおろし)

 **1** 小

材料(作りやすい分量)
マヨネーズ‥‥‥‥‥ 大さじ4
粒マスタード‥‥‥‥ 大さじ1
にんにく(すりおろし)‥ 小さじ1
作り方
材料をよく混ぜ合わせる。
特徴
コクと酸味が効いた贅沢な ソース。粒マスタードの食 感も楽しめる。

ご飯のとも

白飯が欲しくなる炒め物や焼き物には、副菜がわりに、ご飯のともを常備しても。

大根葉のベーコン炒め

大根の葉を余さず調理。

材料(作りやすい分量)と作り方
① 大根の葉1本分は細かい小口切りに、ベーコン50gは5mm幅に切る。
② フライパンにサラダ油大さじ1を熱し、中火でベーコンを炒める。油がまわったら大根の葉を炒め合わせる。
③ しょうゆ大さじ1/2、酒大さじ1を加え、汁けがなくなるまで炒める。

さけフレーク

お弁当にも使えて便利。

材料(作りやすい分量)と作り方
① 耐熱皿に塩ざけ2切れをのせ、ラップをして電子レンジで2分加熱。裏返してさらに1分加熱し、皮と骨を取り除く。
② 鍋に入れ、泡立て器で混ぜほぐして小骨も取り除く。
③ 酒大さじ2をふって弱火にかけ、菜箸でほぐしながら、水分がとんでパラッとするまで炒める。味をみて塩少々で調味し、白いりごま少々を散らす。

中華風肉みそ

香りもおいしさの決め手。

材料(作りやすい分量)と作り方
① ねぎ1本、しょうが大1かけ、にんにく2片をみじん切りにする。
② 鍋にサラダ油大さじ2を中火で熱し、ねぎの半量と残りの①、豆板醤大さじ1弱を炒め、香りが立ったら合いびき肉500gを強火で炒め合わせる。
③ 肉がパラパラになったら、甜麺醤1/3カップ、酒大さじ2、しょうゆ・砂糖各大さじ1を混ぜ、残りのねぎを加えてひと混ぜする。

水菜のしょうゆ漬け

昆布茶が隠し味。

材料(作りやすい分量)と作り方
① 水菜100gを5cm長さに切り、ポリ袋に入れ、昆布茶小さじ1/3、しょうゆ大さじ1を加える。
② 1分ほどもんで全体がなじんだら、袋の空気を抜いて口を縛り、15分以上おく。

にんじんのおかか漬け

素材の甘みがじんわり。

材料(作りやすい分量)と作り方
① にんじん1本をせん切りにし、ポリ袋に入れて、削り節3g、しょうゆ大さじ1、酢大さじ1/4を加える。
② 1分ほどもんで全体がなじんだら、袋の空気を抜いて口を縛り、15分以上おく。

ちりめん山椒

最初に蒸すのがポイント。

材料(作りやすい分量)と作り方
① 鍋にちりめんじゃこ120g、水大さじ5を入れ、ふたをして中火にかける。
② 沸騰して1分したら火を止め、実山椒のしょうゆ漬け・しょうゆ・酒・みりん各大さじ2を加えて混ぜ、ふたをして10分蒸らす。
③ ふたを開けて中火にかけ、煮立ったら弱めの中火で5〜6分煮て、水分をとばす。

煮物のたれ・スープの素

　　和風でも洋風でも、煮物が一品あると食卓がほっこりします。
和の煮物はしょうゆと砂糖の甘辛のバランスが大事。
だし汁も加えてじっくりおいしく煮上げましょう。
　　風味のいいみそ煮もぜひ定番に！洋風の具だくさん煮込みは、
存在感とボリュームで、堂々のメインおかずになります。

基本の煮物だれ

だし汁

c **1**

しょうゆ

大 **2**

砂糖

大 **2**

みりん

大 **1**

材料(作りやすい分量)
だし汁……………………1カップ
しょうゆ………………大さじ2
砂糖……………………大さじ2
みりん…………………大さじ1

作り方
鍋に入れて具材と煮合わせる。

特徴
甘辛さがほどよい、だし入りの煮物のベース。肉や野菜に味がしっかりしみ込む。

---

316 kcal **35** 分

筑前煮

煮汁の味がしっかりしみて、冷めてもおいしい煮物。
根菜たっぷりでヘルシー！

材料(2人分)

鶏もも肉……………………120g
干ししいたけ…………………2枚
にんじん……………………1/2本
れんこん……………………50g
ごぼう………………………1/4本
こんにゃく…………………1/2枚
きぬさや……………………4枚

〈基本の煮物だれ〉

だし汁………………………1カップ
しょうゆ……………………大さじ2
砂糖…………………………大さじ2
みりん………………………大さじ1
サラダ油……………………大さじ1

切り干し大根の煮物

乾物のうまみを味わう定番煮物。
＋白ごまで香ばしく。

148 kcal　**35** 分

材料(3～4人分)
切り干し大根 ……………………… 40g
にんじん ……………………………… 1/2本
油揚げ ………………………………… 1枚
〈基本の煮物だれ〉(右ページ) ……… 全量
白いりごま …………………………… 大さじ1
サラダ油 ……………………………… 大さじ1

作り方
❶ 耐熱ボウルに切り干し大根とたっぷりの水を入れてラップをし、電子レンジで5分加熱。粗熱をとり、軽く絞って4cm長さに切る。にんじんは4cm長さの太めのせん切りにする。
❷ 油揚げはざるにのせて熱湯を回しかけ、縦半分に切って、5mm幅の短冊切りにする。
❸ 鍋にサラダ油を熱し、中火で①を炒める。にんじんがしんなりしたら、②、〈基本の煮物だれ〉を加え、弱火で20分煮る。
❹ 汁けがなくなったら火を止め、白ごまをふる。

1
材料の下ごしらえ

鶏肉はひと口大に切る。干ししいたけは水で戻し、軸を取って2～4つに切る。にんじん、ごぼうは乱切りに、れんこんは薄い輪切りにし、れんこんとごぼうはそれぞれ水にさらしてアクを抜き、熱湯で下ゆでする。こんにゃくもゆでて、スプーンでひと口大にちぎる。

2
具を炒める

鍋にサラダ油を熱し、強火で鶏肉をサッと炒め、1の残りの具を加えて炒める。

3
煮る

2に〈基本の煮物だれ〉のだし汁を加えて煮立て、浮いてきたアクをとる。砂糖を加えて中火で4～5分煮たら、しょうゆ、みりんを加え、落としぶたをして煮る。途中で鍋を揺すって上下を返しながら、煮汁がほとんどなくなるまで煮る。

4
きぬさやを加えて仕上げ

きぬさやは筋を取り、サッとゆでて斜め半分に切る。3が煮上がる直前に加えて、ひと煮したら器に盛る。

おいしくするコツ

● 鶏肉を入れたらそのまま表面を焼きつけてから炒め、うまみをとじ込める。
● 全体に油がまわり、表面がうっすら透き通るまで、野菜をしっかり炒める。味がしみやすくなり、つやっとして照りよく仕上がる。
● 筑前煮は具が多彩なほどおいしくなる。ちくわや生麩は食感にも変化がつき、じゃがいもや里いもはホクホク感が。彩りにグリーンピースやぎんなんもおすすめ。

肉じゃが

**肉はやわらか、いもはほっこりの
煮上がりを目指して！
男爵いもを使うとホクホクします。**

材料(2人分)
牛薄切り肉……………………140g
じゃがいも……………………2個
玉ねぎ…………………………1/2個
にんじん………………………1/2本
〈基本の煮物だれ〉
　だし汁…………………………1カップ
　しょうゆ………………………大さじ2
　砂糖……………………………大さじ2
　みりん…………………………大さじ1
グリーンピース(冷凍)…………大さじ1
サラダ油………………………大さじ1

（**489** kcal）（**35** 分）

● アクが浮いたらていねいにとること。
● 煮物は砂糖とみりんが先、
　しょうゆはあとで加える。

1

材料の下ごしらえ

牛肉はひと口大に切る。じゃがいもは大きめのひと口大に切り、水にさらしてざるに上げ、水けをきる。玉ねぎは縦半分に切って、くし形に切る。にんじんは7mm厚さの輪切りにする。

2

炒める

鍋にサラダ油を熱し、中火で牛肉を炒め、肉の色が変わったらじゃがいも、玉ねぎ、にんじんを加えて弱火で炒める。

3

煮る

じゃがいもが少し透き通ってきたら、〈基本の煮物だれ〉のだし汁を入れて煮立てる。浮いてきたアクをとり、砂糖、みりんを加えて弱めの中火で3〜4分煮てからしょうゆを加え、落としぶたをして、弱めの中火で15分ほど煮る。

4

煮つめて仕上げ

煮汁が1/3量になったら、鍋を揺すって具の上下を返しながら煮つめ、仕上げにグリーンピースを加えて器に盛る。

かぼちゃの煮物

煮くずれしやすいので
少なめの煮汁で落としぶたをして煮ます。

材料(4人分)
かぼちゃ······························1/4個(400g)
〈基本の煮物だれ〉
　だし汁······························1カップ
　しょうゆ····························大さじ2
　砂糖································大さじ2
　みりん······························大さじ1

114 kcal　20分

1 かぼちゃの下ごしらえ

かぼちゃは種とワタを取って3cm厚さに切り、ところどころ皮をむく。水に2〜3分さらしてアクを抜く。

2 煮る

鍋に〈基本の煮物だれ〉の材料と1のかぼちゃを入れて中火にかける。煮立ったらアクをとり、落としぶたをして弱めの中火で15分、煮汁が少ないのでときどき鍋を揺すりながら煮る。火を止めて味をしみ込ませ、粗熱をとる。

おいしくするコツ

● かぼちゃを買うときは、ずっしりと重みがあるものを選んで。完熟で甘くてホクホクしている。
● ところどころかぼちゃの皮をむいてから煮ると、火の入りが早くなり、口あたりもよくなる。

里いもの煮っころがし

トロリとしょうゆがからまった昔ながらの定番の味。

材料(4人分)
里いも································8個(500g)
〈基本の煮物だれ〉
　だし汁······························1カップ
　しょうゆ····························大さじ2
　砂糖································大さじ2
　みりん······························大さじ1
塩··································適量

95 kcal　25分

1 里いもの下ごしらえ

里いもは上下を切り落とし、一面をむいたら対面の皮をむき、六面になるようにむく。塩少々をふってもみ、ぬめりをしっかり取って水洗いする。

2 煮る

鍋に1の里いも、〈基本の煮物だれ〉の材料と塩少々を合わせ、中火にかける。煮立ったらアクをとり、落としぶたをして、竹串がすっと通るようになるまで15分ほど煮る。

おいしくするコツ

● 里いもを煮るときは、下ゆでしてぬめりを取ってから煮るとおいしい。
● 里いもが動かないくらいのちょうどいいサイズの鍋を使うと、煮汁がよくからむ。

あっさり
煮物だれ

だし汁

c **2**

酒

大 2

しょうゆ

大 1

みりん

大 1

材料(作りやすい分量)
だし汁……………………2カップ
酒………………………大さじ2
しょうゆ…………………大さじ1
みりん……………………大さじ1

作り方
鍋に入れて具材と煮合わせる。

特徴
しょうゆの色が薄くきれいに具材につく。上品な煮汁を味わいたい料理に。

鶏つくねの炊き合わせ

239 kcal　**20** 分

肉だんごに濃厚な下味をつけるので、あっさりだれで作っても味はしっかり！

材料(4人分)

鶏ひき肉……………………400g	生麩(花形)……………………1/2本
玉ねぎ(みじん切り)…………1/8個	ゆずの皮(せん切り)……………適量
溶き卵………………………1/2個分	〈あっさり煮物だれ〉

A
　白みそ(甘口)・しょうゆ・
　片栗粉……………各大さじ1
　砂糖………………大さじ1/2
ほうれんそう………………1/2束

だし汁……………………2カップ
酒………………………大さじ2
しょうゆ…………………大さじ1
みりん……………………大さじ1

煮物のたれ・スープの素　34

同じたれをベースに味覚

大根と豚肉のサッと煮

＋しょうがで、香りよくピリッと。
薄切り肉を使い、煮る時間を短縮。

150 kcal　**20** 分

材料(2人分)
大根······200g
大根の葉······適量
豚もも薄切り肉······100g
〈あっさり煮物だれ〉(右ページ)······全量
しょうがの薄切り······3枚

作り方
❶ 大根は5mm厚さの半月切りにする。大根の葉は小口切りにする。豚肉は5cm幅に切る。
❷ 鍋に〈あっさり煮物だれ〉を合わせて中火で煮立て、豚肉としょうがを加える。
❸ アクをとり、大根を加えてさらに15分ほど煮る。
❹ 大根に火が通ったら、大根の葉を入れてサッと煮る。
❺ 大根と豚肉を器に盛り、大根の葉を煮汁ごとかける。

1

つくねを作る

ひき肉はすり鉢で粘りが出るまで、よくすり混ぜる。玉ねぎ、溶き卵、**A**の順に加えてさらにすり混ぜ、8等分にして丸める。

2

つくねを下ゆでする

たっぷりの熱湯に入れ、七分どおり(表面が白くなる程度に)ゆでてざるに上げる。

3

ほかの材料の下ごしらえ

ほうれんそうはゆでて水にとり、水けを絞って4cm長さに切る。生麩は5mm厚さに切る。

4

煮る

鍋に〈あっさり煮物だれ〉の材料を煮立て、2を入れて中火で2〜3分煮る。3を加えてひと煮する。器に盛り、ゆずの皮をのせる。

おいしくするコツ

● 最初に鶏ひき肉だけよくすり混ぜておくと、口あたりがよくなる。
● つくねは形がくずれないよう、静かに熱湯に入れて。

クセが気になる青背魚もこれならさっぱりといただけます。

揚げさばの
おろし煮

192 kcal　**20** 分

材料(4人分)

さば	4切れ
塩	少々
小麦粉	適量
大根(すりおろし)	1と1/2カップ
しょうが(すりおろし)	1かけ
万能ねぎ(小口切り)	少々

〈あっさり煮物だれ〉

だし汁	2カップ
酒	大さじ2
しょうゆ	大さじ1
みりん	大さじ1
揚げ油	適量

1 材料の下ごしらえ

さばは皮目に十文字の切り目を入れ、塩をふる。おろし大根は軽く水けを絞る。

2 さばを揚げる

1のさばの水けをふき、小麦粉を薄くまぶして180度に熱した揚げ油でカラリと揚げる。

3 煮る

鍋に〈あっさり煮物だれ〉の材料を入れて中火で煮立て、2を入れておろし大根をのせ、ひと煮したら火を止める。さばを器に盛り、おろし大根を煮汁ごとたっぷりかけ、しょうがをのせて万能ねぎを散らす。

あさりときのこの
卵とじ

あさりの水煮缶が大活躍。
新鮮なあさりのむき身を使っても。

184 kcal　**15** 分

材料(2人分)

あさり水煮缶	小1缶(50g)
生しいたけ	10個
しめじ	1パック
卵	2個

〈あっさり煮物だれ〉

だし汁	2カップ
酒	大さじ2
しょうゆ	大さじ1
みりん	大さじ1

1 きのこの下ごしらえ

生しいたけ、しめじは石づきを切り落とし、生しいたけは4〜5mm幅に切り、しめじは食べやすくほぐす。

2 煮る

鍋に〈あっさり煮物だれ〉の材料を入れて中火にかけ、あさりを缶汁ごと加える。煮立ったらしいたけとしめじを加え、混ぜながら2〜3分煮る。

3 卵を加える

きのこがしんなりしたら、溶いた卵を流し入れてふたをし、火を弱めて卵がふんわりしたら火を止める。

角煮だれ

だし汁

3 Ⓒ

しょうゆ

3 大

酒

3 大

砂糖

2 大

材料(作りやすい分量)
だし汁‥‥‥‥‥‥3カップ
しょうゆ‥‥‥‥‥大さじ3
酒‥‥‥‥‥‥‥‥大さじ3
砂糖‥‥‥‥‥‥‥大さじ2

作り方
鍋に入れて具材と煮合わせる。

特徴
豚バラ肉をトロトロにするには、このくらいの濃いめの味つけがピッタリ。

豚の角煮

下ゆですることで余計な肉の脂が落ち、箸で切れるほどやわらか!

材料(4人分)
豚バラかたまり肉‥‥‥‥‥‥500g
しょうが(薄切り)‥‥‥‥‥‥1かけ
ねぎ(青い部分)‥‥‥‥‥‥‥1本
豆苗‥‥‥‥‥‥‥‥‥‥‥‥300g

A｜水‥‥‥‥‥‥‥‥‥2カップ
　｜塩‥‥‥‥‥‥‥‥‥小さじ2

〈角煮だれ〉
　だし汁‥‥‥‥‥‥‥‥3カップ
　しょうゆ‥‥‥‥‥‥‥大さじ3
　酒‥‥‥‥‥‥‥‥‥‥大さじ3
　砂糖‥‥‥‥‥‥‥‥‥大さじ2
サラダ油‥‥‥‥‥‥‥‥‥適量
練りがらし‥‥‥‥‥‥‥‥適量

 550 kcal　 180 分

おいしくするコツ

● 最初に豚肉を焼きつけるので、うまみをとじ込められ、煮くずれもしにくくなる。

● 豚肉の臭みがとぶよう、ふたをしないで煮る。途中で煮汁をかけて煮からめることで、コクと照りが出る。

1 豚肉の下ごしらえ

豚肉はかたまりのまま水洗いし、水けをふいて半分に切る。フライパンにサラダ油少々を熱し、豚肉を入れて強火で表面全体にこんがりと焼き色をつける。

2 豚肉を下ゆでする

鍋に1の豚肉を入れてかぶるくらいの水を加える。しょうがとねぎを加えて火にかけ、煮立ったら落としぶたをして弱めの中火で2時間ほどゆでる。ざるに上げ、水で豚肉を洗って、脂やアクなどの汚れを落とし、5〜6cm角に切る。

3 煮る

鍋を洗って〈角煮だれ〉の材料を入れ、2の豚肉を並べ入れ、弱火で30分煮る(途中で上下を返したり、煮汁をかけてたれを豚肉全体にまわす)。豚肉があめ色になり、煮汁が少なくなったら強火にし、煮汁をからめる。

4 つけ合わせを添える

フライパンにサラダ油大さじ1を熱し、中火で豆苗を炒め、Aを加える。しんなりしたら水けを絞って器に盛る。3を盛りつけ、練りがらしを添える。

濃いめの煮物だれ

しょうゆ
大 **3**

酒
大 **3**

砂糖
大 **2**

材料（作りやすい分量）
しょうゆ……………大さじ3
酒……………………大さじ3
砂糖…………………大さじ2

作り方
鍋に入れて具材と煮合わせる。

特徴
味しみがよく、煮込みの色や照りもきれいにつけられる。いり煮にも◎。

ぶり大根

冬の和食の定番。
ぶりは切り身でもいいけれど、
あらが手に入ったらこれ！

378 kcal

50 分

材料（2人分）
ぶりのあら……………………250g
大根……………………………250g
〈濃いめの煮物だれ〉
　しょうゆ………………大さじ3
　酒………………………大さじ3
　砂糖……………………大さじ2
しょうがの絞り汁……………小さじ1
ねぎ（白い部分／せん切り）………1/3本

いかと大根の煮つけ

いかのうまみを大根に吸わせます。
いかの歯触りも楽しんで!

112 kcal　　**40** 分

材料(4人分)

いか	1ぱい
大根	800g
〈濃いめの煮物だれ〉(右ページ)	全量

作り方

❶ いかは軟骨とワタを取って水洗いし、皮つきのまま胴は1cm幅の輪切りにする。足は吸盤の殻を包丁でしごいて取り、食べやすい長さに切る。

❷ 大根は皮をむき、大きめの乱切りにする。

❸ 鍋に〈濃いめの煮物だれ〉を入れて火にかけ、①のいかを加えて強火でサッと煮て取り出す。そのままの鍋に大根を加えて水をひたひたまで足し、中火で煮立てる。アクをとり、25〜30分煮る。

❹ 途中、鍋を揺すって全体に煮汁をからめる。大根がやわらかくなるまで煮たら、③のいかを戻して煮汁をしっかりからめる。

1

大根を下ゆでする

大根は2cm厚さの半月切りにし、鍋に入れてかぶるくらいの水を入れ、やわらかくなるまでゆでる。

2

あらの下ごしらえ

ぶりのあらは熱湯でゆで、色が変わったらすぐ冷水にとり、血やウロコなどの汚れを洗う。

3

煮る

鍋に2のあらと水2カップを入れて火にかけ、煮立ったらていねいにアクをとる。1の大根と〈濃いめの煮物だれ〉の材料を加え、落としぶたをして弱火で25〜30分煮る。

4

しょうが汁を加える

煮汁が1/3量くらいになったら、しょうがの絞り汁を加えてひと煮する。煮汁ごと器に盛り、ねぎを飾る。

おいしくするコツ

- あらではなく、ぶりの切り身を使ってももちろんOK。
- 白髪ねぎは、ねぎの白い部分だけを使う。ねぎを3cm長さに切り、さらに中心まで切り目を入れて芯を取り除く。まな板の上でぎゅっと押さえ、繊維に沿ってせん切りにする。
- 白髪ねぎのかわりにせん切りのしょうがをのせたり、小松菜など青菜の塩ゆでを食べやすく切って添えても。

さばのみそ煮

背の青い魚は下処理を
しっかりすると臭みが取れて、
みそだれがよくしみ込みます。

材料(2人分)
さば……………………2切れ
しょうが(薄切り)…………1かけ
〈みそ煮だれ〉
　みそ………………大さじ3
　しょうゆ……………大さじ1
　酒……………………大さじ1
　砂糖…………………大さじ1

210 kcal　**20** 分

● 酒も加えた甘めの〈みそ煮だ
れ〉でしっかり味をつけると、
さばの身がふっくら煮上がる。

1 さばの下ごしらえ

さばは水けをふいて半分に切る。
鍋に湯を沸かし、さばを1切れず
つサッとくぐらせ、表面の色が変
わったら冷水にとって水けをふく。

2 煮る

フライパンに〈みそ煮だれ〉の材料
と水1カップを入れ、1のさばを並
べ入れ、中火にかける。煮立った
ら、煮汁をスプーンで全体にかける。

3 落としぶたをして煮る

しょうがを加え、落としぶたをす
る。ときどきさばに煮汁を回しか
けながら10分ほど煮て、器に盛る。
残った煮汁を煮つめて照りを出し、
さばに回しかけ、しょうがを添える。

みそ煮だれ

みそ	大 3
しょうゆ	大 1
酒	大 1
砂糖	大 1

材料(作りやすい分量)
みそ………………大さじ3
しょうゆ・酒・
　砂糖……………各大さじ1
作り方
鍋に入れて具材と煮合わ
せる。
特徴
甘辛で濃厚なみそだれ。
簡単な配合率で青背魚と
の相性バツグン!

田楽みそだれ

ふろふき大根

シンプルだからこそ
大根のおいしさが
しみじみわかる煮物です。

材料(2〜3人分)
大根 ………………… 1/3本(300g)
米のとぎ汁 ………………… 適量
昆布 ………………… 10cm
〈田楽みそだれ〉
　赤みそ ………………… 大さじ2
　砂糖 ………………… 大さじ1
　みりん ………………… 大さじ1
ゆずの皮(せん切り) ………… 適量

62 kcal **60** 分

1 大根の下ごしらえ

大根は3cm厚さの輪切りにする。切り
口の端が丸くなるよう面取りをし、片
面に1cm深さの十文字の切り目を入れ
る。鍋に大根を入れ、米のとぎ汁をひ
たひたになるまで注ぎ、中火で15分
ほどゆでる。少し堅めのうちに水にと
り、洗って水けをきる。

2 煮る

鍋に昆布を敷いて1の大根を並
べ、かぶるくらいの水を入れて
火にかける。煮立ったら弱火に
し、落としぶたをして大根がや
わらかくなるまで30分ほど煮る。

3 田楽みそを作る

別の小鍋に〈田楽みそだれ〉の調味料を入れて弱火にかけ、
木べらでぽってりとするまで練り混ぜる。2の大根を、切
り目の入った面を下にして器に盛り、みそだれをかけて
ゆずの皮を飾る。

赤みそ

2 大

砂糖

1 大

みりん

1 大

材料(作りやすい分量)
赤みそ ………………… 大さじ2
砂糖 ………………… 大さじ1
みりん ………………… 大さじ1
作り方
鍋に入れ、加熱しながら練
り混ぜる。
特徴
香ばしい赤みそを使った
こってりだれ。大根や生麸、
こんにゃくにかけて。

ホワイトソース

牛乳

c **2**

バター

大 **2**

小麦粉

大 **2**

ローリエ
枚 **1**

材料(作りやすい分量)
牛乳……………………2カップ
バター・小麦粉…各大さじ2
ローリエ…………………1枚

作り方
左ページの「チキンクリーム
シチュー」の作り方4参照。
上記材料に塩・こしょう各
少々を加えて味を調える。

特徴
クリーミーなコクと舌触り。

チキンクリームシチュー

ホワイトソースから手作り。こまめにアクをとるのが、おいしさの秘訣!

材料(4人分)
鶏もも肉……………2枚(500g)
塩・こしょう・小麦粉… 各適量
にんじん……………………1本
じゃがいも…………………2個
玉ねぎ………………………1個
ブロッコリー……………1/2株
A ┌ 湯………………………4カップ
　└ 固形スープの素…………1個
ブーケガルニ(市販)…………1袋

〈ホワイトソース〉
牛乳…………………2カップ
バター………………大さじ2
小麦粉………………大さじ2
ローリエ…………………1枚
サラダ油………………大さじ2

495 kcal
50 分

同じソースでもう一品

えびマカロニグラタン

**クリーミーなホワイトソースは
香ばしく焼いてもおいしい!**

232 kcal　**40** 分

材料(4人分)

えび	小12尾
マカロニ	100g
玉ねぎ	1/2個
マッシュルーム	4個
バター	大さじ1
塩・こしょう	各適量
固形スープの素	1個
ピザ用チーズ	50g
〈ホワイトソース〉(右ページ)	全量

作り方

❶ 右記手順4を参照して、初めに〈ホワイトソース〉を作っておく。

❷ 鍋に熱湯を沸かし、マカロニを袋の表示時間よりやや長めにゆでて、ざるに上げる。

❸ えびは殻をむいて背ワタを取る。玉ねぎは薄切りに、マッシュルームは石づきを取って5mm幅に切る。

❹ フライパンにバターを溶かして③を炒め、塩・こしょう各少々をふって火を止める。くずした固形スープの素、②のマカロニ、①の〈ホワイトソース〉の2/3量を順に加えて混ぜる。

❺ 耐熱皿に薄くバター(分量外)をぬり、④を等分に入れる。残りのホワイトソースをかけてピザ用チーズを散らし、オーブントースターで15分ほど焼く。

1
材料の下ごしらえ

鶏肉はひと口大に切り、塩・こしょう各少々をふり、薄く小麦粉をまぶす。にんじんとじゃがいもはひと口大に切り、じゃがいもは水にさらす。玉ねぎはくし形に切る。ブロッコリーは小房に分け、塩少々を加えた熱湯で堅めにゆでる。

2
具を炒める

鍋にサラダ油大さじ1を熱し、中火で鶏肉の表面を焼いて取り出す。同じ鍋にサラダ油大さじ1を足し、にんじん、じゃがいも、玉ねぎを炒めてから鶏肉を戻す。

3
煮込む

2に**A**、ブーケガルニを加える。煮立ったら弱火にし、浮いてくる肉の脂やアクをこまめにとりながら、野菜がやわらかくなるまで煮込む。

4
ホワイトソースを作る

別の鍋にバターを入れて弱火にかけ、溶け始めたら小麦粉を加え、木べらかゴムべらで鍋底をこすりながら炒める。粉っぽさがなくなったら、牛乳を少量ずつ加えて溶きのばす。完全になじんだら、ローリエ、塩・こしょう各少々を加えてとろみがつくまで絶えず混ぜながら煮る。最後にローリエを取り除く。

5
ホワイトソースを溶いて仕上げる

3の鍋に4の〈ホワイトソース〉を加えて溶きのばし、ブロッコリーを加えて、塩・こしょう各少々で味を調える。

簡単ビーフシチュー

市販のソースに赤ワインや
肉と野菜のエキスが加わって
風味豊かな本格派レシピに！

材料(4人分)
牛肉(シチュー用)・・・・・・・・・・・・300g
塩・こしょう・小麦粉・・・・各適量
にんにく(つぶす)・・・・・・・・・・・・1片
さやいんげん・・・・・・・・・・・・・・・・・8本
じゃがいも・・・・・・・・・・・・・・・・中3個
にんじん・・・・・・・・・・・・・・・・・・1/2本
小玉ねぎ・・・・・・・・・・・・・・・・・・・8個
〈ビーフシチューソース〉
　デミグラスソース缶
　・・・・・・・・・・・・・・・・・・・・1缶(290g)
　赤ワイン・・・・・・・・・・・1/2カップ
　トマトケチャップ・・・・・大さじ1
バター・・・・・・・・・・・・・・・・・・・大さじ2
サラダ油・・・・・・・・・・・・・・・・・大さじ1

 454 kcal
 100 分

1 材料の下ごしらえ

さやいんげんはサッとゆで
て4cm長さに切る。じゃがい
もは4つ割りにして水にさら
す。にんじんはひと口大に
切り、小玉ねぎは皮をむく。
牛肉に塩・こしょう各少々を
ふり、小麦粉を薄くまぶす。

2 肉を炒めて煮込む

鍋にバター大さじ1とサラダ油を熱
して弱火でにんにくを炒め、香りが
立ったら牛肉を加えて強火で焼き
つけ、〈ビーフシチューソース〉の赤
ワインを加えて軽く煮つめる。デミ
グラスソース缶とトマトケチャップ、
水1と1/2カップを加え、煮立った
らアクをとり、ふたをして牛肉がや
わらかくなるまで弱火で約1時間
じっくり煮る。

3 野菜を加えてさらに煮る

フライパンにバター大さじ1を入れ、
中火で1のいんげん以外の野菜を表
面に透明感が出るまで炒める。2に
加えて、ふたをせずにさらに弱火
で30分ほど煮込む。野菜がやわら
かくなったら、いんげんを加えて塩・
こしょう各少々で調味する。

デミグラスソース缶

缶 1

赤ワイン

c 1/2

トマトケチャップ

大 1

材料(作りやすい分量)
デミグラスソース缶
・・・・・・・・・・・・・・・・・・・1缶(290g)
赤ワイン・・・・・・・・・1/2カップ
トマトケチャップ・・大さじ1

作り方
鍋に入れて具材と煮合わ
せる。

特徴
短時間で本格的な洋食が
簡単に作れるソース。牛肉
もやわらかく煮込める。

ロールキャベツ

(295 kcal) (50分)

しっかり煮込んだキャベツは
箸で切れるくらいの
やわらかさになります。

材料(4人分)

キャベツの葉	大8枚
合いびき肉	300g
玉ねぎ	1/2個
卵(Sサイズ)	1個
A パン粉	1/2カップ
牛乳	大さじ2
ナツメグ	少々
塩・こしょう	各適量
トマト	1個
ベーコン	2枚
トマトケチャップ	大さじ2

〈コンソメ煮込みソース〉

洋風コンソメスープの素(顆粒)	小さじ2
水	3カップ
ローリエ	1枚

1 材料の下ごしらえ

キャベツの葉は熱湯でゆで、1枚ずつざるに上げて冷ます。玉ねぎはみじん切り、トマトは1cm角、ベーコンは1cm幅に切る。卵は溶きほぐす。Aを合わせておく。

2 肉だねを練る

ボウルにひき肉、1の玉ねぎと溶き卵、A、ナツメグ、塩・こしょう各少々を入れる。粘りが出るまでよく練り混ぜ、8等分にして小判形に成形する。

3 たねをキャベツで包む

軸を手前に広げた1のキャベツの葉に、2を1つずつのせる。左右を折り込みながらきっちり包み、巻き終わりを楊枝でとめる。

4 煮る

鍋に3を巻き終わりを下にして並べる。〈コンソメ煮込みソース〉の材料を混ぜて加え、上に1のトマトとベーコンを散らして中火にかける。煮立ったらアクをとり、ふたをして弱火で約20分煮る。トマトケチャップを加えてさらに10分煮込み、塩・こしょう各少々で味を調える。楊枝をはずして器に盛り、トマトとベーコンごと煮汁をかける。

コンソメ煮込みソース

洋風コンソメスープの素

2 小
(顆粒)

水

3 C

ローリエ

1 枚

材料(作りやすい分量)
洋風コンソメスープの素
(顆粒) 小さじ2
水 3カップ
ローリエ 1枚

作り方
洋風コンソメスープの素を水に溶かし、具材を煮込むときにローリエを加える。

特徴
家庭ならではの味が楽しめるお手軽洋食ソース。肉や野菜の煮込みに。

えびとかぶの
スープ

 63 kcal　**20**分

**かぶが煮くずれないように
煮る前に軽く炒めて。**

材料(4人分)
えび………………………………小12尾
かぶ………………………………4個
玉ねぎ……………………………1/2個
A ┌ 白ワイン…………………大さじ1
　└ 塩………………………小さじ1/4
小麦粉……………………………適量
〈洋風チキンソース〉
　洋風チキンスープの素(固形)……1個
　水………………………………2カップ
塩・こしょう……………………各少々
パセリ(みじん切り)……………適量
オリーブ油………………………大さじ1

1 材料の下ごしらえ
えびは殻をむいて背を開き、背ワタを除く。Aで下味をつけて、薄く小麦粉をまぶす。かぶは茎を少し残して葉を落とし、縦2つ割りにして1cm厚さに切る。玉ねぎは薄切りにする。

2 炒める
鍋にオリーブ油を熱し、中火で1の玉ねぎをしんなりするまで炒め、かぶを加えてサッと炒める。

3 煮る
〈洋風チキンソース〉の材料を加え、かぶがやわらかくなったら1のえびを加えてひと煮する。塩、こしょうで調味し、器に盛ってパセリをふる。

ソーセージと
野菜のスープ

133 kcal　**15**分

**ミックスベジタブルで簡単！
ソーセージからもうまみが。**

材料(4人分)
ウィンナソーセージ………………大3本
玉ねぎ……………………………1/2個
ミックスベジタブル……………200g
〈洋風チキンソース〉
　洋風チキンスープの素(固形)……1個
　水………………………………2カップ
塩・こしょう……………………各少々
オリーブ油………………………大さじ1

1 材料の下ごしらえ
ソーセージは1cm幅に、玉ねぎは粗みじん切りにする。

2 炒める
鍋にオリーブ油を熱し、中火で玉ねぎをしんなりするまで炒め、ソーセージとミックスベジタブルを加えて炒め合わせる。

3 煮る
〈洋風チキンソース〉の材料を加えて煮立て、塩、こしょうで調味する。

洋風チキンソース

洋風チキンスープの素
個 **1** (固形)

水
C **2**

材料(作りやすい分量)
洋風チキンスープの素
　(固形)……………………………1個
水………………………………2カップ
作り方
洋風チキンスープの素を水に溶かし、具材と一緒に加熱する。
特徴
一緒に煮る具材からエキスが出るので、スープの素を溶かす水の量はやや多め。

ポタージュソース

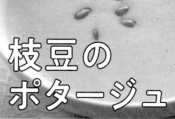

枝豆のポタージュ

173 kcal / 25分

冷凍の枝豆で気軽に作れます。

材料(4人分)
冷凍枝豆 …………………………………… 1袋
玉ねぎ ……………………………………… 2個
じゃがいも ………………………………… 2個
〈ポタージュソース〉
　洋風チキンスープの素(固形) ………… 2個
　牛乳 …………………………………… 1カップ
　水 ……………………………………… 2カップ
塩・こしょう ……………………………… 各少々
オリーブ油 ……………………………… 大さじ1

1 材料の下ごしらえ

枝豆はさやから出し、飾り用に20粒取り分けておく。玉ねぎ、じゃがいもはそれぞれ薄切りにする。

2 炒める

鍋にオリーブ油を熱し、中火で1の玉ねぎをしんなりするまで炒め、じゃがいもを加えて軽く炒め合わせる。

3 煮る

〈ポタージュソース〉の洋風チキンスープの素と水、飾り用以外の1の枝豆を加え、弱火で具がやわらかくなるまで煮たら、塩、こしょうで調味する。

4 ミキサーにかける

3をミキサーに入れ、〈ポタージュソース〉の牛乳を少しずつ加え、なめらかになるまで回す。器に盛り、飾り用の枝豆をのせる。

コーンポタージュ

152 kcal / 15分

コーンの甘みがほんわり口に広がる!

材料(4人分)
クリームコーン缶 ……………………… 大1缶
ねぎ ………………………………………… 2本
〈ポタージュソース〉
　洋風チキンスープの素(固形) ………… 2個
　牛乳 …………………………………… 1カップ
　水 ……………………………………… 2カップ
塩・こしょう ……………………………… 各少々
オリーブ油 ……………………………… 大さじ1

1 材料の下ごしらえ

ねぎは薄切りにする。

2 炒める

鍋にオリーブ油を熱し、中火で1のねぎをしんなりするまで炒める。

3 煮る

クリームコーンと〈ポタージュソース〉の洋風チキンスープの素と水を加えて強火にし、沸騰したら牛乳を注ぎ、弱火にする。塩、こしょうで調味し、煮立てないよう温める。

洋風チキンスープの素

2個(固形)

牛乳

1c

水

2c

材料(作りやすい分量)
洋風チキンスープの素
　(固形) ……………………… 2個
牛乳 ……………………… 1カップ
水 ………………………… 2カップ
作り方
洋風チキンスープの素を水に溶かして加熱し、牛乳を加える。
特徴
牛乳のコクとクリーミーさで、濃厚な味わい。

ドレッシング

小さめの泡立て器で混ぜればできあがり。冷蔵保存で、なるべく早く使いきりましょう。

フレンチドレッシング

どんな具にも合うサラダの定番。

材料（作りやすい分量）と作り方

❶ ボウルに酢1/4カップ、塩小さじ3/4を入れてよく混ぜ、塩が完全に溶けたら、こしょう少々を加えてさらによく混ぜる。

❷ サラダ油1/2カップを少しずつ加えながら、勢いよくかき混ぜる。全体がなじんで白っぽくなり、トロリとしたらできあがり。

マヨネーズ

牛乳でのばせばソース風にも。

材料（作りやすい分量）と作り方

❶ ボウルにマスタード小さじ1、塩小さじ1/2、こしょう少々を合わせ、酢大さじ1を加えてよく混ぜ、塩を完全に溶かす。

❷ 室温に戻した新鮮な卵黄1個分を加え、もったりとして表面をなでると筋が残るくらいまでよく混ぜる。

❸ サラダ油1カップを少量（大さじ1/2くらい）ずつボウルの端から入れ、そのつど勢いよく混ぜる。サラダ油が半量くらいになったら、残りは細くたらしながら勢いよくかき混ぜる。

中華風ドレッシング

冷や奴にかけても美味。

材料（作りやすい分量）と作り方

❶ しょうゆ・酢各大さじ4、豆板醤小さじ1/2、ごま油・白いりごま各大さじ1、万能ねぎの小口切り5本分をよく混ぜ合わせる。

はちみつレモンドレッシング

トマトサラダなどにおすすめ。

材料（作りやすい分量）と作り方

❶ 酢1/4カップ、レモン汁1個分（約1/4カップ）、オリーブ油大さじ3、はちみつ大さじ2/3、塩小さじ1/2、こしょう少々をよく混ぜ合わせる。

和風酢みそドレッシング

豆腐や海藻サラダにぴったり。

材料（作りやすい分量）と作り方

❶ 西京みそ（甘い白みそ）100g、酢大さじ5、薄口しょうゆ大さじ1/2、練りがらし少々をよく混ぜ合わせる。

酢の物・あえ物のたれ

——肉や魚料理のつけ合わせや、副菜の一皿に便利な酢の物・あえ物。酢やごまを使うレシピが多く、風味豊かなうえにさわやかです。冷蔵保存で作りおきもできるので、たくさん作って2〜3日楽しむのもおすすめ。このパートの最後には「すし酢」の作り方も紹介しています。酢飯料理もぜひレパートリーに!

白練りごま	
大	2

しょうゆ	
大	2

酢	
大	1

砂糖	
大	1

ラー油	
小	1

366 kcal　20分　棒々鶏
（バンバンジー）

鶏肉は鍋でゆっくりゆでるからパサつかず、ふっくら、ジューシー。
コクのあるごまソースでリッチな味わいに。

材料(2人分)
鶏もも肉……………………150g
ねぎ(青い部分)………………1本
しょうがの皮…………………少々
きゅうり……………………1/2本
トマト………………………1/2個

〈ごまソース〉
白練りごま…………………大さじ2
しょうゆ……………………大さじ2
酢……………………………大さじ1
砂糖…………………………大さじ1
ラー油………………………小さじ1
ねぎ(みじん切り)…………小さじ1
しょうが(みじん切り)……小さじ1

材料(作りやすい分量)
白練りごま・しょうゆ
　　　　　　　…各大さじ2
酢・砂糖………各大さじ1
ラー油…………小さじ1
作り方
材料をよく混ぜ合わせる。
特徴
ごまベースの中華酢だれの
定番。

同じソースでもう一品
ゆで豚サラダ

さっぱりした豚肉に
練りごまの濃厚ソースがぴったり。

465 kcal　**15** 分

材料(2人分)
豚バラ薄切り肉	150g
キャベツの葉	3枚
えのきたけ	1/3袋
万能ねぎ	2本
〈ごまソース〉(右ページ)	全量

作り方
❶ 豚肉は食べやすい大きさに切り、熱湯に1枚ずつ入れてゆでる。色が変わったらそのつど引き上げて、冷水にとってざるに上げ、水けをよくきる。
❷ キャベツは食べやすい大きさにちぎり、えのきたけは根元を切り落としてサッとゆで、長さを半分に切る。万能ねぎは小口切りにする。
❸ 器に②を合わせて盛り①をのせる。容器に〈ごまソース〉の材料を入れてよく混ぜ、豚肉の上にかける。

1
鶏肉をゆでる

鍋に鶏肉、ねぎの青い部分、しょうがの皮、たっぷりの水を入れて強火にかける。煮立ったら弱火にし、10分ほどゆでる。ゆで汁の中でそのまま冷ます。

2
鶏肉を切る

1の鶏肉を鍋から取り出し、5mm幅ほどの細切りにする。

3
野菜を切る

きゅうりは4cm長さのせん切りに、トマトは5mm厚さの輪切りにする。

4
ソースをかける

器に3のトマトを並べ、きゅうりと2の鶏肉を順にのせる。ボウルに〈ごまソース〉の材料を入れてよく混ぜ、ねぎとしょうがも加え混ぜ、鶏肉の上にかける。

おいしくするコツ

● 〈ごまソース〉は、練りごまが残らないよう、よく混ぜてなめらかにする。
● お好みで、ラー油のかわりに豆板醤少々を使っても。
● 鶏肉がゆで上がったら、すぐ取り出さずにゆで汁の中で冷まして。この工程が鶏肉のふっくらした食感を保つ。

南蛮酢だれ

酢

c **1/2**

しょうゆ

大 **2**

酒

大 **2**

砂糖

小 **2**

赤唐辛子

本 **1**

材料(作りやすい分量)
酢……………………1/2カップ
しょうゆ・酒……各大さじ2
砂糖……………………小さじ2
赤唐辛子………………………1本

作り方
材料をバットで混ぜ合わせる。

特徴
甘辛酢。材料によくしみる。

材料(4人分)
小あじ……………………300g
セロリ…………………小1本
にんじん…………………1/3本
万能ねぎ………………2本
玉ねぎ…………………1/4個
小麦粉…………………適量
〈南蛮酢だれ〉
　酢……………………1/2カップ
　しょうゆ………………大さじ2
　酒………………………大さじ2
　砂糖……………………小さじ2
　赤唐辛子(種を除いて半分に切る)…1本
塩・こしょう……………各少々
揚げ油…………………適量

あじの南蛮漬け

二度揚げでカラッと揚げたあじを
辛みを効かせた南蛮酢だれに
熱いうちに漬け込みます。

198 kcal　**25** 分

揚げ鶏の南蛮漬け

+にんにくで風味づけを。
油をふいてたれに漬けるのがコツ。

388 kcal　**20** 分

材料(4人分)
鶏もも肉‥‥‥‥‥‥‥‥‥‥‥‥‥2枚
塩‥‥‥‥‥‥‥‥‥‥‥‥‥‥‥‥少々
セロリ‥‥‥‥‥‥‥‥‥‥‥‥‥‥1本
ねぎ‥‥‥‥‥‥‥‥‥‥‥‥‥‥‥1本
にんじん‥‥‥‥‥‥‥‥‥‥‥‥1/2本
〈南蛮酢だれ〉(右ページ)‥‥‥‥‥全量
にんにく(薄切り)‥‥‥‥‥‥‥‥‥2片
小麦粉・揚げ油‥‥‥‥‥‥‥‥各適量

作り方
❶ 〈南蛮酢だれ〉の材料とにんにく、水
　大さじ4をバットに混ぜ合わせておく。
❷ セロリ、ねぎ、にんじんはそれぞれ
　せん切りにする。
❸ 鶏肉はひと口大、2㎝厚さのそぎ切り
　にして塩をふり、小麦粉をまぶして、
　170度に熱した揚げ油でカラリとす
　るまで4〜5分揚げる。油をきってキッ
　チンペーパーでふき、熱いうちに①
　の〈南蛮酢だれ〉に漬ける。
❹ ③に②の野菜も加えて混ぜ合わせ、
　15分ほどそのままおいて、味をなじ
　ませてからいただく。

1

材料の下ごしらえ

セロリ、にんじんは4〜5㎝長さの細切りに、万能ねぎは斜め切りに、玉ねぎは薄切りにする。

2

たれの準備

バットに〈南蛮酢だれ〉の材料を合わせ、砂糖が溶けるまでよく混ぜ合わせる。

3

あじの下ごしらえ

あじは包丁の刃先を尾から頭に向かって動かし、ウロコを取る。尾のほうから包丁を寝かせて入れ、胸びれの先端の手前まである堅いゼイゴをそぎ取る。エラも取る。裏側も同様に。腹ワタも取り除いて水で洗い、水けをふく。両面に塩、こしょうをふり、小麦粉を身と腹の中に薄くまぶし、余分な粉をはたく。

4

揚げる

170度に熱した揚げ油で3を、裏表を返しながら4〜5分揚げ、取り出して油をきる。揚げ油の温度を190度まで上げ、あじを戻して再び1〜2分揚げる。

5

漬ける

油をきって、熱いうちに2の〈南蛮酢だれ〉に漬け、1の野菜も加えて全体を混ぜる。15分ほどそのままおいて、味をなじませてからいただく。

おいしくするコツ

● 二度揚げすることで、あじの骨までやわらかくなり、丸ごといただける。
● たっぷりの野菜も一緒に漬け込み、〈南蛮酢だれ〉にうまみを加える。

マリネ液

揚げさばのマリネ

揚げたてをジュッとマリネ液へ。
玉ねぎとしいたけのエキスも加わって、まろやかな酸味になります。

材料(作りやすい分量)
さば(三枚おろしの身)	1/2尾
A 酒	大さじ1
塩	小さじ1/2
小麦粉	適量
玉ねぎ	1/4個
生しいたけ	3個
〈マリネ液〉	
オリーブ油	大さじ3
白ワインビネガー	大さじ2
レモン汁	小さじ2
揚げ油	適量

559 kcal　**20** 分

おいしくするコツ

- 玉ねぎは生のままマリネ液に加え、揚げたさばの熱さで加熱する。
- さばはじっくり時間をかけて揚げ、最後の1分は少し温度を上げるとカリカリに。

1 マリネ液を作り、野菜を漬ける

玉ねぎは薄切りにする。生しいたけは石づきを取って薄切りにし、サッとゆでる。バットに入れてよく混ぜ合わせた〈マリネ液〉に漬け、玉ねぎがしんなりするまで10分ほどおく。

2 さばの下ごしらえ

さばはひと口大のそぎ切りにしてAで下味をつけ、汁けをふいて小麦粉を薄くまぶす。

3 さばを揚げる

揚げ油を170度に熱し、2のさばを入れて4～5分揚げ、きつね色になるまで揚げる。

4 さばをマリネ液に漬ける

3が熱いうちに1に漬け、味がなじんだら器に盛る。

オリーブ油
大 **3**

白ワインビネガー
大 **2**

レモン汁
小 **2**

材料(作りやすい分量)
オリーブ油	大さじ3
白ワインビネガー	大さじ2
レモン汁	小さじ2

作り方
材料をよく混ぜ合わせる。

特徴
甘くないマリネ液。オリーブ油は風味と香りのよいエクストラバージンを使用。

材料(4人分)

いかの胴	1ぱい分
えび	12尾
ねぎ・セロリ	各1本
アスパラガス	4本

A
レモン(輪切り)	1/2個
白ワイン	1/3カップ
塩・こしょう	各少々

〈マリネ液〉

オリーブ油	大さじ3
白ワインビネガー	大さじ2
レモン汁	小さじ2

リーフレタス・オリーブ
（水煮／あれば） 各適量

1 材料の下ごしらえ

いかは1cm幅の輪切りにし、えびは殻をむいて尾は残し、背ワタを取る。ねぎは3cm長さに切る。セロリは葉と茎に切り分け、茎は筋を取って3cm長さの棒状に切る。アスパラは根元の堅い部分を落として4cm長さに切り、塩ゆでする。

2 ワイン蒸しにする

鍋に1のセロリの葉とねぎを敷き、いか、えびをのせてAを加え、ふたをして強火で約3分蒸し煮にする。

3 マリネ液に漬ける

2が冷めたら、セロリの葉を除いてボウルに入れ、セロリの茎と〈マリネ液〉を加えて混ぜて30分以上おく。器にリーフレタスを敷いて盛り、アスパラとオリーブを散らす。

シーフードマリネ

初めにワイン蒸しにすると
風味がグンとよくなります。

181 kcal　15 分

材料(2人分)

ししゃも	6尾
ピーマン	1個
赤・黄ピーマン	各1/3個

〈マリネ液〉

オリーブ油	大さじ3
白ワインビネガー	大さじ2
レモン汁	小さじ2
塩・こしょう	各少々

1 たれの準備

〈マリネ液〉の材料と塩、こしょうをバットに混ぜ合わせておく。

2 材料を焼く

ししゃもとピーマンを魚焼きグリルに並べ、こんがりと焼く。焼き上がったらピーマンはそれぞれ5mm幅の細切りにする。

3 マリネ液に漬ける

1に2を熱いうちに漬け、10分ほどおいて味をなじませる。

ししゃものカラフルマリネ

マリネ液がしみているから、ししゃもの頭もおいしくいただけます。

279 kcal　10 分

145 kcal / 10分

283 kcal / 10分

たいの
サラダ仕立て

グレープフルーツとあえて
さっぱりとしたお刺し身サラダに。

材料(4人分)
たい(刺し身)	100g
トマト	1/2個
万能ねぎ	3〜4本
グレープフルーツ	1/2個
レタス	2枚

〈カルパッチョだれ〉
オリーブ油	大さじ3
酢	大さじ1
塩	小さじ1/4

1 材料の下ごしらえ

トマトは1cm角に切り、万能ねぎは小口切りにする。グレープフルーツは皮をむいて果肉を袋から出し、小さくほぐす。レタスは冷水につけてパリッとさせ、水けをきって食べやすい大きさにちぎる。

2 盛りつける

器に1のレタスを敷き、たいを盛ってトマト、万能ねぎ、グレープフルーツを散らす。

3 たれをかける

〈カルパッチョだれ〉の材料を混ぜ合わせ、2に回しかける。

おいしくするコツ

● 刺し身は、ひらめやすずき、さよりなど白身魚なら何でもOK。

まぐろの
カルパッチョ

さっぱりイタリアンサラダ風。
たいなどの白身魚の刺し身を使っても。

材料(2人分)
まぐろ赤身(刺し身)		100g
A	しょうゆ	小さじ1
	にんにく(すりおろし)	少々
レタス・クレソン		各適量
プロセスチーズ		適量
オリーブ(水煮／あれば)		適量

〈カルパッチョだれ〉
オリーブ油	大さじ3
酢	大さじ1
塩	小さじ1/4

1 まぐろに下味をつける

まぐろは薄く切り、Aをからめる。1枚ずつ広げて皿に盛り、冷蔵庫で冷やしておく。

2 たれの準備

〈カルパッチョだれ〉の材料をよく混ぜ合わせておく。

3 つけ合わせを作る

レタスとクレソンはちぎり、2の〈カルパッチョだれ〉の半量であえる。プロセスチーズはピーラーで薄くそいで、クルンとさせる。

4 盛りつける

1の皿の中央に3と薄切りにしたオリーブをのせ、残りの〈カルパッチョだれ〉を全体に回しかける。

カルパッチョ
だれ

オリーブ油

大 3

酢

大 1

塩

小 1/4

材料(作りやすい分量)
オリーブ油	大さじ3
酢	大さじ1
塩	小さじ1/4

作り方
材料をよく混ぜ合わせる。

特徴
お刺し身に酢とオリーブ油をまとわせることで、臭みを減らしてスッキリいただける。

ピクルス液

酢	
	2 ⓒ

白ワイン	
	1/2 ⓒ

砂糖	
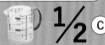	**5** ⓐ

黒粒こしょう	
	10 ⓟ

赤唐辛子	
	1 ⓗ

ローリエ	
	1 ⓜ

にんにく	
	1 ⓟ

材料(作りやすい分量)
酢……………………2カップ
白ワイン…………1/2カップ
砂糖………………大さじ5
黒粒こしょう………10粒
赤唐辛子……………1本
ローリエ……………1枚
にんにく……………1片

作り方
材料を小鍋に入れてよく混ぜ、ひと煮立ちさせる。

特徴
具を風味よく漬ける洋風液。

114 kcal ／ 20分

野菜のカレー ピクルス

**カリフラワーと小玉ねぎの
シャキシャキ歯ごたえも楽しい。**

材料(作りやすい分量)
カリフラワー…………………1/2株
小玉ねぎ………………………6個
塩………………………………小さじ2
〈ピクルス液〉
　酢…………………………2カップ
　白ワイン………………1/2カップ
　砂糖………………………大さじ5
　黒粒こしょう………………10粒
　赤唐辛子……………………1本
　ローリエ……………………1枚
　にんにく……………………1片
カレー粉………………………小さじ1

1 野菜の下ごしらえ

カリフラワーは小房に分ける。小玉ねぎは横半分に切って根の部分を切り落とし、十文字の切り込みを入れる。ボウルに入れて塩をまぶし、ざっと混ぜて1時間おく。

2 たれの準備

〈ピクルス液〉の赤唐辛子は種を除き、残りの液の材料、カレー粉とともに鍋(ホウロウかステンレス製)でひと煮立ちさせ、弱火にして10分煮つめ、火を止めてそのまま冷ます。

3 漬ける

1の水けをきって、煮沸した保存びんに入れ、2を注ぐ。ふたをして一晩漬ける。

133 kcal ／ 25分

シンプル ピクルス

**カラフルな野菜を漬け込んで。
冷蔵保存で2週間持ちます。**

材料(作りやすい分量)
きゅうり………………………2本
かぶ……………………………3個
にんじん………………………1本
紫玉ねぎ………………………1個
塩………………………………小さじ1
〈ピクルス液〉
　酢…………………………2カップ
　白ワイン………………1/2カップ
　砂糖………………………大さじ5
　黒粒こしょう………………10粒
　赤唐辛子……………………1本
　ローリエ……………………1枚
　にんにく……………………1片

1 野菜の下ごしらえ

きゅうりは皮を縞目にむいて、ひと口大に切る。かぶは茎を少し残して葉を切り落とし、にんじん、紫玉ねぎとともに、それぞれひと口大に切る。ボウルにすべての野菜を入れて塩をまぶし、ざっと混ぜて1時間おく。

2 たれの準備

〈ピクルス液〉の赤唐辛子は種を除き、残りの液の材料とともに鍋(ホウロウかステンレス製)でひと煮立ちさせ、弱火にして10分煮つめ、火を止めてそのまま冷ます。

3 漬ける

1の水けをきって、煮沸した保存びんに入れ、2を注ぐ。ふたをして一晩漬ける。

酢じょうゆオイルだれ

豚しゃぶサラダ仕立て

275 kcal　20 分

余分な脂が落ちて、さっぱりしたゆで豚に。
酢じょうゆのドレッシングがしっかりからみます。

材料（4人分）
豚薄切り肉（しゃぶしゃぶ用）……200g
塩・こしょう……………………各少々
紫玉ねぎ………………………1個
レタス…………………………1/2個
万能ねぎ………………………3本
にんにく………………………1片
しょうが………………………1/2かけ
〈酢じょうゆオイルだれ〉
　酢……………………………大さじ2
　サラダ油……………………大さじ2
　しょうゆ……………………大さじ1

酢
大 2

サラダ油
大 2

しょうゆ

大 1

材料（作りやすい分量）
酢…………………大さじ2
サラダ油…………大さじ2
しょうゆ…………大さじ1

作り方
材料をよく混ぜて、酢、しょうゆと油を乳化させる。

特徴
酢が効いた定番ドレッシング。あえ物やサラダに使い勝手がいい。豆板醤小さじ1を加えれば中華風に。

ひじきとツナのあえ物

たれに＋塩、こしょうして、
煮物に飽きたらひじきをさっぱり味で。

188
kcal

10
分

材料(4人分)
ひじき(乾燥)・・・・・・・・・・・・・・・・・・20g
ツナ缶・・・・・・・・・・・・・・・・・・小2缶(160g)
しょうゆ・・・・・・・・・・・・・・・・・・・・・・少々
小玉ねぎ・・・・・・・・・・・・・・・・・・・・・・4個
〈酢じょうゆオイルだれ〉(右ページ)・・・・半量
塩・こしょう・・・・・・・・・・・・・・・・各少々
貝割れ菜(あれば)・・・・・・・・・・・・・・・・適量

作り方
❶ ひじきは水で戻し、熱湯でゆでて水
けをきり、しょうゆをふって冷まして
おく。
❷ 小玉ねぎは薄切りにして水にさらし、
水けをよく絞る。ツナは粗くほぐす。
❸ 〈酢じょうゆオイルだれ〉の材料と塩、
こしょうを混ぜ合わせ、①と②を加
えてひと混ぜし、しばらくおいて味
をなじませる。
❹ 器に盛って貝割れ菜を飾る。

1 材料の下ごしらえ

紫玉ねぎは薄切りに、レタスはせん切りに、万能ね
ぎは小口切りにする。にんにくとしょうがはみじん
切りにし、ボウルに入れて〈酢じょうゆオイルだれ〉
の材料とよく混ぜ合わせておく。

2 豚肉をゆでる

鍋に湯を沸かし、豚肉を重ねずに1枚ずつ広げながら
入れる。

3 豚肉を水にとる

豚肉の色が変わったらそのつど引き上げて、別のボウ
ルに入れた氷水にとる。ざるに上げて水けをよくきっ
て塩、こしょうをふり、1のボウルに入れてあえる。

4 盛りつける

器に1のレタスを敷いて紫玉ねぎをのせ、3をたれごとのせ、万能ねぎを散らす。

おいしくするコツ

● 豚しゃぶを作る前にたれを混ぜ合わせて、〈酢じょうゆオイルだれ〉に
にんにくとしょうがの風味をしっかりつけておく。
● 仕上がりの味が薄まらないよう、豚肉の水けをよくきる。

白あえの素

白みそ
大 **2**

白すりごま
大 **2**

砂糖
大 **2**

材料(作りやすい分量)
白みそ……………… 大さじ2
白すりごま………… 大さじ2
砂糖………………… 大さじ2

作り方
材料をよく混ぜ合わせる。

特徴
ごまをすり鉢ですって加えると、風味豊かに。

にんじんとアスパラの白あえ

口あたりがなめらかでやさしい味わい。
大根や青菜、きのこやこんにゃくを使うなど具のアレンジも自在です。

199 kcal　**15** 分

材料(4人分)
絹ごし豆腐……………………1丁(300g)
にんじん………………………1/2本
アスパラガス……………………6本
〈白あえの素〉
　白みそ………………… 大さじ2
　白すりごま…………… 大さじ2
　砂糖…………………… 大さじ2

ちくわと野菜の白あえ

ちくわを具にするアレンジレシピ。
練り物の歯ごたえも楽しい!

215 kcal　　**10** 分

材料(4人分)

絹ごし豆腐	1丁(300g)
ちくわ	3本
さやいんげん	10本
にんじん(せん切り)	少々
ゆずの皮(あれば/せん切り)	適量
〈白あえの素〉(右ページ)	全量

作り方

❶ 右記「にんじんとアスパラの白あえ」の手順1と同様に、豆腐の水きりをする。

❷ ちくわは5mm厚さに切る。

❸ さやいんげんは塩少々(分量外)を加えた湯でゆで、2cm長さに切る。

❹ 右記手順4と同様に白あえを作り、②と③、にんじんを加えてざっくりと混ぜる。

❺ 器に盛り、ゆずの皮を飾る。

1

豆腐の水きりをする

豆腐はざるにのせ、20〜30分おいて水きりする。

2

具を切る

にんじんは3cm長さの短冊切りにする。アスパラは根元を2cmほど切り落とし、下の堅い部分の皮をむいて3cm長さに切る。

3

具をゆでる

鍋に湯を沸かし、中火でにんじんを4〜5分ゆで、アスパラも入れてさらに1〜2分ゆで、合わせてざるに上げて冷ます。

4

あえる

1の豆腐を手でくずしてすり鉢に入れ、なめらかになるまですりつぶす。〈白あえの素〉を加えてさらにすり混ぜ、味をなじませる。3のにんじんとアスパラを加えてざっくりと混ぜ、器に盛る。

おいしくするコツ

● 豆腐はすりこ木で、トロリとなめらかになるまでよくすりつぶすと、口あたりがよくなる。

● できたてもいいが、冷蔵庫で冷やしてから食べてもおいしい。

三杯酢

わかめと きゅうりの 酢の物

材料を冷やして食べる直前にあえて。

材料(4人分)
わかめ(塩蔵)‥‥‥‥‥‥‥‥40g
きゅうり‥‥‥‥‥‥‥‥‥‥2本
塩‥‥‥‥‥‥‥‥‥‥‥‥‥少々
しょうが(すりおろし)‥‥‥‥少々
〈三杯酢〉
　酢‥‥‥‥‥‥‥‥‥‥大さじ3
　しょうゆ‥‥‥‥‥‥‥大さじ1
　砂糖‥‥‥‥‥‥‥‥‥大さじ1
だし汁‥‥‥‥‥‥‥‥‥大さじ2

1 材料の下ごしらえ
きゅうりは薄い輪切りにし、塩をふってし
んなりさせて軽く絞る。わかめは水洗いし
て塩けを抜き、軽く絞って食べやすく切る。

2 あえる
〈三杯酢〉の材料とだし汁を混ぜ合わせ、1
を加えてあえる。器に盛り、しょうがをの
せる。

22 kcal　　5 分

● だし入りで酢をまろやかにする。あれば、
しらす干しを加えても美味。

きゅうりと たこの三杯酢

酢としょうがが効いた
王道の材料で作る酢の物。

材料(4人分)
きゅうり‥‥‥‥‥‥‥‥‥‥2本
塩‥‥‥‥‥‥‥‥‥‥‥‥‥少々
ゆでだこの足‥‥‥‥‥2本(250g)
しょうがの絞り汁‥‥‥‥‥小さじ1
しょうが(せん切り)‥‥‥‥1かけ
〈三杯酢〉
　酢‥‥‥‥‥‥‥‥‥‥大さじ3
　しょうゆ‥‥‥‥‥‥‥大さじ1
　砂糖‥‥‥‥‥‥‥‥‥大さじ1

1 材料の下ごしらえ
きゅうりは薄い輪切りにし、塩をふってし
んなりさせて軽く絞る。たこは薄いそぎ切
りにし、しょうがの絞り汁をからめる。

2 あえる
〈三杯酢〉の材料を混ぜ合わせ、1を加えて
あえる。器に盛り、しょうがをのせる。

70 kcal　　5 分

● 薄切りにしたたこは、しょうがの絞り汁を
からめるのではなく、酢にサッと通すので
もOK。

酢　　大　3

しょうゆ　　大　1

砂糖　　大　1

材料(作りやすい分量)
酢‥‥‥‥‥‥‥‥大さじ3
しょうゆ‥‥‥‥‥大さじ1
砂糖‥‥‥‥‥‥‥大さじ1
作り方
材料をよく混ぜ合わせる。
特徴
これぞ母の味という、酢の
物全般に使える合わせ酢。
野菜や海の幸とよく合う。

甘酢

酢
3 ⼤

砂糖
3 ⼤

塩
1/2 ⼩

材料(作りやすい分量)
酢‥‥‥‥‥‥‥‥‥‥大さじ3
砂糖‥‥‥‥‥‥‥‥‥大さじ3
塩‥‥‥‥‥‥‥‥‥小さじ1/2
作り方
材料を小鍋に入れてよく
混ぜ、ひと煮立ちさせて粗
熱をとる。
特徴
甘みを多くした合わせ酢。
野菜とよく合う。

根菜とじゃこの甘酢漬け

244 kcal **20** 分

れんこんに甘酢がよくしみます。
温かくても冷めてもおいしい！

材料(4人分)
さつまいも‥‥‥‥‥‥‥‥‥‥‥1本
れんこん‥‥‥‥‥‥‥‥‥‥‥15cm
〈甘酢〉
　酢‥‥‥‥‥‥‥‥‥‥‥‥大さじ3
　砂糖‥‥‥‥‥‥‥‥‥‥‥大さじ3
　塩‥‥‥‥‥‥‥‥‥‥‥小さじ1/2
ごま油‥‥‥‥‥‥‥‥‥‥‥‥大さじ1
ちりめんじゃこ‥‥‥‥‥‥‥‥‥60g
バルサミコ酢‥‥‥‥‥‥‥‥‥小さじ2
しょうゆ‥‥‥‥‥‥‥‥‥‥‥大さじ2

1 甘酢を作る
〈甘酢〉の材料を小鍋に入れてよく混ぜ、ひ
と煮立ちさせ、粗熱をとる。

2 野菜をあえる
さつまいもはよく洗い、皮つきのままひと
口大に切り、水にさらす。れんこんは5mm
厚さの輪切りにし、酢水(分量外)にさらす。
鍋に湯を沸かし、水けをきったさつまいも、
れんこんの順に入れて堅めにゆで、ざるに
上げる。熱いうちにボウルに移し、1であ
える。

3 ちりめんじゃこの味つけ
フライパンにごま油を熱し、ちりめん
じゃこを入れ、弱火でじっくりと炒める。
カリカリになったらバルサミコ酢、しょ
うゆを加えて汁けがなくなるまで炒る。

4 合わせて仕上げる
2に3を加えてざっと混ぜる。

紅白なます

お正月料理の定番。
作りおきできる一品です。

材料(4人分)
大根‥‥‥‥‥‥‥‥‥‥‥‥‥15cm
にんじん‥‥‥‥‥‥‥‥‥‥‥1/3本
塩‥‥‥‥‥‥‥‥‥‥‥‥‥小さじ1
ゆずの皮(あれば/せん切り)‥‥‥‥適量
〈甘酢〉
　酢‥‥‥‥‥‥‥‥‥‥‥‥大さじ3
　砂糖‥‥‥‥‥‥‥‥‥‥‥大さじ3
　塩‥‥‥‥‥‥‥‥‥‥‥小さじ1/2

1 甘酢を作る
〈甘酢〉の材料を小鍋に入れてよく混ぜ、ひ
と煮立ちさせ、粗熱をとる。

2 材料の下ごしらえ
大根、にんじんは5cm長さのせん切りにす
る。塩でもみ、水洗いして固く絞る。

3 あえる
ボウルに2を入れて、1を加えてあえ、1時
間おく。器に盛り、ゆずの皮をのせる。

46 kcal **10** 分

おいしくするコツ

● 大根とにんじんのせん切りは、スライサー
があるとあっという間。便利なうえに、見
た目もきれいに仕上がる。

こんにゃくと油揚げの酢みそ

198 kcal / 10分

酢みそは油揚げにかけ、
甘辛く煮たこんにゃくと一緒に味わって。

材料(2人分)
こんにゃく……………………………1枚
油揚げ…………………………………1枚
A { 砂糖……………………………大さじ2
しょうゆ………………………大さじ2
B { 砂糖……………………………大さじ2
だし汁……………………………1/3カップ
〈酢みそだれ〉
白みそ…………………………大さじ2
酢………………………………大さじ1
みりん…………………………大さじ1
砂糖……………………………小さじ1

1 材料の下ごしらえ
こんにゃくは四等分に切って中火で3分ほどゆで、水けをきる。油揚げは湯通しして縦半分に切る。

2 こんにゃくを煮る
鍋に1のこんにゃくとAを入れ、中火で汁けがなくなるまでいり煮し、冷まして7mm厚さに切る。

3 油揚げを煮る
別の鍋に1の油揚げとBを入れ、中火でサッと煮、冷まして3cm長さ、1.5cm幅に切る。

4 たれをかける
〈酢みそだれ〉の材料をよく混ぜ合わせる。器に2のこんにゃくと3の油揚げを並べて盛り、油揚げの上にたれをかける。

あさりと万能ねぎのぬた

貝類ともよく合う酢みそだれ。
あさりのうまみを引き立てます。

材料(2人分)
あさり…………………………………10個
酒………………………………………大さじ1
万能ねぎ………………………………1束
だし汁…………………………………適量
〈酢みそだれ〉
白みそ…………………………大さじ2
酢………………………………大さじ1
みりん…………………………大さじ1
砂糖……………………………小さじ1

1 万能ねぎをゆでる
万能ねぎは3〜4cm長さに切る。鍋に入れ、だし汁をひたひたになるくらい加えて中火にかけ、煮立ったら約30秒間ゆでてざるに上げる。

2 あさりを酒蒸しにする
小鍋にあさりと酒を入れて酒蒸しにし、口が開いたら身を取り出す。

3 たれであえる
ボウルに1と2を入れ、〈酢みそだれ〉の材料を加えて、全体をよく混ぜる。

72 kcal / 10分

酢みそだれ

白みそ
大 2

酢
大 1

みりん
大 1

砂糖
小 1

材料(作りやすい分量)
白みそ………………………大さじ2
酢………………………………大さじ1
みりん………………………大さじ1
砂糖……………………………小さじ1
作り方
材料をよく混ぜ合わせる。
特徴
甘さと酸っぱさの調和がよいみそだれ。具材によくからむ。

ごまあえだれ

黒すりごま

3 大

しょうゆ

1 大

砂糖

1 大

材料(作りやすい分量)
黒すりごま………大さじ3
しょうゆ………大さじ1
砂糖………大さじ1
作り方
材料をよく混ぜ合わせる。
特徴
黒ごまの香ばしさと砂糖の
甘さで、野菜がもりもり食
べられる和食の定番だれ。

いんげんの
ごまあえ

こちらはだし汁は不要。
いんげんはやわらかめにゆでて。

材料(4人分)
さやいんげん………………200g
塩………………………少々
〈ごまあえだれ〉
　黒すりごま………………大さじ3
　しょうゆ………………大さじ1
　砂糖………………大さじ1

1 材料の下ごしらえ

さやいんげんは、塩を加えた熱湯で、中火
でやわらかめにゆでる。冷水にとってざる
に上げて水けをきり、5cm長さに切る。

2 たれの準備

ボウルに〈ごまあえだれ〉の材料を入れ、よ
く混ぜ合わせる。黒いりごまを使う場合は、
鍋に黒ごまを入れて弱火で香ばしくいり、
すり鉢で半ずりにして、しょうゆと砂糖を
加えて混ぜる。

3 あえる

2に1のいんげんを加え、全体にたれがま
わるようにあえる。

65 kcal　　**10** 分

春菊の
ごまあえ

食べる直前にたれであえて。
ほうれんそうでも同様に作れます。

材料(4人分)
春菊………………………1束
塩………………………少々
しょうゆ………………小さじ1
〈ごまあえだれ〉
　黒すりごま………………大さじ3
　しょうゆ………………大さじ1
　砂糖………………大さじ1
だし汁………………大さじ1

1 材料の下ごしらえ

春菊は葉先を摘み、塩を加えた熱湯で色
くゆでる。冷水にとってざるに上げて水け
を絞り、しょうゆをかけてしっかり絞り、4
cm長さに切る。

2 たれの準備

ボウルに〈ごまあえだれ〉の材料とだし汁を
入れ、よく混ぜ合わせる。黒いりごまを使
う場合は、鍋に黒ごまを入れて弱火で香ば
しくいり、すり鉢で半ずりにして、しょう
ゆと砂糖、だし汁を加えて混ぜる。

3 あえる

2に1の春菊をほぐしながら加え、全体にた
れがまわるようにあえる。

70 kcal　　**10** 分

すし酢

※米3合に対し

酢

大 **5**

砂糖

大 **2**

塩

小 **1**

材料(作りやすい分量)
酢⋯⋯⋯⋯⋯⋯⋯大さじ5
砂糖⋯⋯⋯⋯⋯⋯大さじ2
塩⋯⋯⋯⋯⋯⋯⋯小さじ1

作り方
材料をよく混ぜて、砂糖と塩を完全に溶かす。

特徴
定番の合わせ酢。昆布と酒を加えて炊いたご飯に混ぜて酢飯に。

ちらしずし

 532 kcal ／ **60** 分

ハレの日に欠かせない定番のごちそう！
子どもからお年寄りまで、誰にでも喜ばれる日本の味です。

材料(4人分)

米⋯⋯⋯⋯⋯⋯⋯3合		
酒⋯⋯⋯⋯⋯⋯大さじ1		
昆布⋯⋯⋯⋯⋯5cm角		
〈すし酢〉		
酢⋯⋯⋯⋯大さじ5		
砂糖⋯⋯⋯大さじ2		
塩⋯⋯⋯⋯小さじ1		
干ししいたけ⋯⋯2枚		
かんぴょう⋯⋯⋯10g		
にんじん⋯⋯⋯1/4本		

A
砂糖・しょうゆ
⋯⋯⋯⋯各大さじ1
干ししいたけの戻し汁
⋯⋯⋯⋯⋯1カップ
えび⋯⋯⋯⋯⋯小8尾
れんこん⋯⋯⋯⋯50g
B
酢⋯⋯⋯⋯⋯大さじ2
砂糖・水⋯各大さじ1
塩⋯⋯⋯⋯⋯⋯少々
卵⋯⋯⋯⋯⋯⋯⋯1個

C
砂糖⋯⋯⋯⋯小さじ2
酒⋯⋯⋯⋯⋯小さじ1
焼きあなご⋯⋯⋯1尾
きぬさや⋯⋯⋯⋯12枚
白いりごま・刻みのり
⋯⋯⋯⋯⋯各適量
サラダ油⋯⋯⋯⋯少々

同じたれをベースに味变

しば漬けずし

+漬け物と焼きざけで
酢飯がほんのり桜色に

340 kcal 　 50 分

材料(4人分)
米‥‥‥‥‥‥‥‥‥‥‥‥‥‥‥‥‥3合
酒‥‥‥‥‥‥‥‥‥‥‥‥‥‥‥‥大さじ1
昆布‥‥‥‥‥‥‥‥‥‥‥‥‥‥‥5cm角
〈すし酢〉(右ページ)‥‥‥‥‥‥‥全量
しば漬け‥‥‥‥‥‥‥‥‥‥‥‥‥60g
塩ざけ‥‥‥‥‥‥‥‥‥‥‥‥‥3切れ
白いりごま‥‥‥‥‥‥‥‥‥‥大さじ2
青じそ‥‥‥‥‥‥‥‥‥‥‥‥‥‥4枚

作り方
❶ しば漬けは粗く刻む。塩ざけは魚焼
きグリルでこんがりと焼き、皮と骨
を除き、身を小さくほぐして酒小さ
じ2〜3(分量外)をまぶす。
❷ 右記「ちらしずし」の手順1・4と同様
に酢飯を作る。
❸ ②に①と白ごまを加えてさっくりと
混ぜ合わせ、器に盛る。
❹ 青じそを手でちぎり、まんべんなく
散らす。

1
ご飯を炊く

米は洗って水に1時間つける。炊飯器に米3合の目盛
りまで水を入れ、酒を混ぜ、昆布をのせて普通に炊く。
〈すし酢〉の材料はよく混ぜておく。

2
混ぜる具を作る

かんぴょうは塩もみして洗い、弱火で下ゆでし、1cm大に切る。干ししいたけは
水で戻し(戻し汁はとっておく)、薄切りにする。にんじんは2cm長さのせん切りに
する。小鍋に**A**を煮立て、かんぴょう、干ししいたけ、にんじんを入れて弱火で
やわらかく煮て汁けをきる。

3
のせる具を作る

えびは背ワタを取り、塩ゆでして殻をむき、**B**の半量に漬ける。れんこんは薄切
りにし、塩ゆでにして残りの**B**に漬ける。卵はほぐして**C**を混ぜ、フライパンにサ
ラダ油を熱して細かいいり卵を作る。焼きあなごは1cm幅に切る。きぬさやはゆ
でてせん切りにする。

4
酢飯を作る

炊きたての1のご飯の昆布を除いて飯台にあけ、1の
〈すし酢〉を回しかける。切るように手早く混ぜて、
ご飯がすし酢を吸ったら、うちわであおいで冷ます。

5
具を混ぜてのせる

4の酢飯に2の具と白ごまを混ぜる。器に盛ってのりをふり、3の具を彩りよくの
せる。

おいしくするコツ

● 酢飯を作る飯台は、水で湿らせて酢でふいておく。
ご飯にすし酢を回しかけたら、手早く混ぜること。

1
ご飯を炊いて酢飯を作る
米は洗って水に1時間つける。炊飯器に米3合の目盛りまで水を入れ、酒を混ぜ、昆布をのせて普通に炊く。ご飯の昆布を除いて飯台にあけ、よく混ぜた〈すし酢〉を回しかける。切るように手早く混ぜて、ご飯がすし酢を吸ったら、うちわであおいで冷ます。

2
油揚げを油抜きして煮る
油揚げは湯通ししてざるに上げ、半分に切ってそっと袋状に開く。鍋にAを中火で煮立て、油揚げを平らに並べて落としぶたをし、煮汁がなくなるまで煮含める。
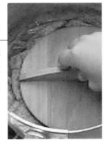

3
味をなじませる
2の鍋の上のほうから順に油揚げを取り出してバットに並べる。鍋の下側の油揚げを上に重ね、煮汁のしみ方を均一にする。

4
酢飯を詰める
1の酢飯が冷めたら白ごまを混ぜて24等分し、手で軽くにぎって3の油揚げに詰める。袋の口を1cmほど返して酢飯を詰めるとスムーズ。折り返した部分を戻し、口を広げて角を内側にたたみ、三角になった端を折り込んで形を整える。器に盛って甘酢しょうがを添える。

おいしくするコツ
● 油揚げは、できれば煮てから一晩寝かせると、味がしっかりしみる。
● 酢飯にあればゆずの皮のすりおろしを加えると、さわやかな香りがついてさらにおいしい。

いなりずし 665kcal 60分

遠足や運動会のお弁当といえばこれ！
酢飯を油揚げに上手に詰めて。

材料(4人分)

米	3合	油揚げ	12枚
酒	大さじ1	だし汁	2カップ
昆布	5cm角	A 砂糖	大さじ5
〈すし酢〉		しょうゆ	大さじ3
酢	大さじ5	酒・みりん	各大さじ2
砂糖	大さじ2	白いりごま	大さじ3
塩	小さじ1	甘酢しょうが	適量

材料（4人分）

米	3合	あじ（刺し身用・三枚おろし）	
酒	大さじ1		2尾
昆布	5cm角	しょうゆ	大さじ1
〈すし酢〉		しょうが	1かけ
酢	大さじ5	白いりごま	大さじ3
砂糖	大さじ2	木の芽（あれば）	適量
塩	小さじ1		

1 ご飯を炊いて酢飯を作る

米は洗って水に1時間つける。炊飯器に米3合の目盛りまで水を入れ、酒を混ぜ、昆布をのせて普通に炊く。ご飯の昆布を除いて飯台にあけ、よく混ぜた〈すし酢〉を回しかける。切るように手早く混ぜて、ご飯がすし酢を吸ったら、うちわであおいで冷ます。

2 具を作る

あじは皮をはいで1cm幅に切り、しょうゆをからめる。しょうがはせん切りにして水にさらし、水けをふく。

3 酢飯を作って具をのせる

1の酢飯が冷めたら白ごまを混ぜる。器に盛って2のあじをのせ、しょうがを散らして木の芽を飾る。

312 kcal / 50 分

あじのっけずし

あじに下味をつけて混ぜます。
しょうがも効かせて、さわやかな海鮮すし丼に。

好相性のまぐろとアボカドにトマトの酸味も加わって美味。

材料（4人分）

酢飯（P66の「ちらしずし」を参照して作る）			
	茶碗4杯	しょうゆ	大さじ2
まぐろ	150g	練りわさび	小さじ1/2
アボカド	1個	A レモン汁	小さじ2
レモン汁	大さじ1	こしょう	少々
プチトマト	8個	オリーブ油	大さじ4
青じそ（せん切り）	6枚	焼きのり	適量

まぐろ
アボカド丼

484 kcal / 50 分

1 材料の下ごしらえ

まぐろは1cm角に切る。アボカドは1cm角に切ってレモン汁をふりかける。プチトマトは湯むきをして縦半分に切り、塩少々（分量外）をふってキッチンペーパーにのせ、水けをふく。

2 味つけ

Aを混ぜ合わせ、1を加えてあえる（時間をおくとまぐろの色が悪くなるので、食べる直前にあえる）。

3 盛りつける

器に酢飯を盛り、大きめにちぎったのりを散らして2をのせ、青じそを添える。

簡単漬け物

パパッと作れる漬け物レシピです。いろいろな野菜のうまみや歯ごたえを楽しんで!

大根の梅干し塩昆布漬け

軽くもむだけでおいしくなります。

材料(作りやすい分量)と作り方
1. 大根1/4本は2cm四方の色紙切りに、大根の葉少々はみじん切りにする。ボウルに入れて塩小さじ1/3をふり、ざっともんで水けをきる。
2. 梅干し1個は種を除いて刻む。塩昆布大さじ1はキッチンバサミで細く切り、ともに①のボウルに加えて軽くもみ込み、5分ほどおく。

かぶのたくあん漬け

たくあんで、かぶが風味豊かに。

材料(作りやすい分量)と作り方
1. かぶ4個は茎を切り落として3mm厚さのいちょう切りにする。かぶの葉少々は飾り用に1枚残し、残りは刻む。
2. ボウルに①を入れて塩小さじ1/2をふり、ざっともんで水けを絞る。
3. たくあん30gも3mm厚さのいちょう切りにし、②と合わせてもむ。器に盛り、かぶの葉を飾る。

白菜のゆず昆布漬け

香りもおいしさの決め手。

材料(作りやすい分量)と作り方
1. 白菜1/4株は大きめのざく切りにしてポリ袋に入れ、塩大さじ3/4をまぶす。軽く重しをしてしばらくおき、しんなりさせる。ゆずの皮1/4個分はそぎ切りにする。
2. 酢大さじ3、砂糖大さじ1と1/2、昆布茶小さじ2を合わせておく。
3. ①の白菜の水けを絞り、ゆずの皮と②を加え、再び重しをして30分ほど漬け、味をなじませる。

アスパラのだし漬け

アスパラの甘みが際立つ上品な味。

材料(作りやすい分量)と作り方
1. アスパラガス6本は根元の堅い部分を切り落とし、4等分に切る。塩少々を加えた熱湯でゆで、ざるに上げて水けをきる。
2. ボウルにだし汁1/4カップ、薄口しょうゆ・みりん各大さじ1を混ぜ合わせ、①のアスパラが熱いうちに漬ける。
3. 味がなじんだら器に盛り、削り節適量を散らす。

玉ねぎとじゃこのだし漬け

辛みの少ない紫玉ねぎを使います。

材料(作りやすい分量)と作り方
1. 紫玉ねぎ中1個は薄切りにして水にさらし、水けをしっかりきる。
2. ちりめんじゃこ20gはサッと熱湯をかけて水けをきる。青じそ1束はせん切りにする。
3. ボウルにだし汁・酢各大さじ2、しょうゆ・砂糖各小さじ2、塩・こしょう各少々、ごま油大さじ1を混ぜ合わせる。
4. ①を③のボウルに加えて5分ほど漬ける。器に盛り、②を散らす。

きゅうりの紅しょうが漬け

紅しょうがのさわやかさでご飯がすすむ。

材料(作りやすい分量)と作り方
1. きゅうり2本は2mm厚さの輪切りにして塩小さじ1/3をふり、軽くもむ。
2. ①の水けを絞り、汁けをきった紅しょうが30gを加えてもむ。
3. 器に盛り、白いりごま小さじ1を散らす。

下味・かけだれ・丼つゆ

揚げ物や丼物も、たれ・ソースの黄金比で上手に味つけができます。鶏のから揚げの漬けだれや、ギョウザのたねや春巻きの具の下味、牛丼のつゆなど、みんなが大好きなメニューが続々登場！ タルタルソースやトマトソースのレシピもあるので、揚げ物やソテーなど、幅広い料理に活用できます。

しょうが
じょうゆだれ

下味用

しょうゆ

大 **2**

酒

大 **1**

しょうが（すりおろし）

大 **1**

材料（作りやすい分量）
しょうゆ……………………大さじ2
酒………………………………大さじ1
しょうが（すりおろし）
……………………1かけ（大さじ1）

作り方
材料をよく混ぜ合わせる。

特徴
しょうがを加えることで、鶏肉にしっかりと下味がつく。揚げたあとも、しょうゆベースの香ばしさにしょうがの風味が合わさり、美味に。

鶏のから揚げ

中温と高温での「二度揚げ」が
上手に揚げるコツ。カリッと香ばしく
ジューシーに作れます。

 224 kcal **30** 分

材料（3〜4人分）
鶏もも肉……………………1枚（300g）
〈しょうがじょうゆだれ〉
　しょうゆ…………………大さじ2
　酒…………………………大さじ1
　しょうが（すりおろし）…………1かけ
片栗粉……………………………適量
レモン・イタリアンパセリ（あれば）
………………………………各適量
揚げ油……………………………適量

鶏肉の揚げ煮

から揚げを甘酢で煮からめて
まろやかな味を楽しみます。

291 kcal　**35** 分

材料(3〜4人分)
鶏もも肉 ………………………… 1枚(300g)
〈しょうがじょうゆだれ〉(右ページ) ‥‥ 全量
片栗粉 ……………………………… 適量
ねぎ(白い部分) …………………… 1本
　砂糖 ……………………………… 大さじ3
A　酢 ……………………………… 大さじ3
　しょうゆ ………………………… 大さじ2
揚げ油 ……………………………… 適量

作り方
❶ 右記「鶏のから揚げ」の手順1〜3同様
　にから揚げを作る。揚げバットにとっ
　て油をきる。
❷ ねぎは4cm長さのせん切りにし、水に
　さらして、白髪ねぎを作っておく。
❸ 鍋にAを合わせて煮立て、①を加え
　てサッと煮からめる。
❹ ③を器に盛り、②のねぎの水けをしっ
　かりきってのせる。

1

鶏肉に下味をつける

鶏肉はひと口大に切る。ボウルに〈しょうがじょうゆ
だれ〉の材料を混ぜ合わせ、鶏肉を入れて味がからむ
まで30分〜1時間おく。

2

低めの中温でゆっくり揚げる

鶏肉に片栗粉をまぶして余分な粉をはたき落とし、
160〜170度に熱した揚げ油に入れてゆっくりと揚げ
る。中までよく火を通し、薄いきつね色になったら
一度取り出す。

3

油を高温にして二度揚げする

油の温度を180度にまで上げ、2の鶏肉を戻し入れて、
表面がカリッとするまで再び揚げる。

4

油をきって盛りつける

揚げバットなどに3をとり、油をきる。器に盛り、く
し形切りにしたレモンとイタリアンパセリを添える。
好みでレモンを絞っていただく。

おいしくするコツ

● 下味のたれを鶏肉にからめたら、手でしっかりもみ込んで。30分以上おいて
　味をなじませる。
● 油から引き上げるのは、沈んでいた肉が浮かんできたとき。肉の中の水分が抜
　けて軽くなるのは、中まで火が通った証拠。油の音も最初はジュワジュワと重
　い音なのが、火が通るとピチピチと軽い音に変わる。

フライドチキン

ぜひ豪快に骨つき肉で！
少し低温の揚げ油でじっくり揚げるのがコツ。

材料（2人分）
鶏骨つきもも肉……………… 小2本
牛乳 ……………………約1/2カップ
アスパラガス ………………………4本
〈スパイスミックス〉
　タイム(乾燥) …………………小さじ1
　パプリカ(粉末) ………………小さじ1/2
　塩 ………………………………小さじ1/2
　こしょう ………………………小さじ1/4
小麦粉……………………………適量
揚げ油……………………………適量

526 kcal　40 分

 おいしくするコツ

● 下味をつけるときは、袋に入れるともみやすくラク。ジッパーつきの保存袋だと破れにくくて安心。

● お好みで下味にセージ(乾燥)小さじ1を加えてもOK。

1 鶏肉を切り、牛乳につける

鶏肉は、裏側のグリグリした関節の間に包丁を入れて2〜3つに切り離す。ボウルに牛乳を入れて鶏肉を30分つけ、肉をやわらかくしてからキッチンペーパーで汁けをふき取る。残りの牛乳は捨てる。

2 下味をつける

〈スパイスミックス〉の材料をポリ袋に入れ、1の鶏肉を入れてポリ袋の上から手でよくもみ込んで40分〜1時間おく。袋から取り出して薄く小麦粉をまぶし、余分な粉をはたき落とす。

3 揚げる

2の鶏肉を160度に熱した揚げ油に入れ、途中返しながら約6分じっくりと揚げる。竹串を刺してみて、赤い肉汁が出なくなったら油から引き上げる。アスパラは根元の堅い部分を落として半分の長さに切り、同じ揚げ油で素揚げにする。鶏肉と合わせて器に盛る。

タイム（乾燥）

小 **1**

パプリカ（粉末）

小 **1/2**

塩

小 **1/2**

こしょう

小 **1/4**

材料(作りやすい分量)
タイム(乾燥)………… 小さじ1
パプリカ(粉末)…… 小さじ1/2
塩………………… 小さじ1/2
こしょう………… 小さじ1/4

作り方
材料をよく混ぜ合わせる。

特徴
ハーブの香りがさわやかで、塩、こしょうも効かせる洋風の下味。骨つきの鶏肉によく合う。

下味用

タンドリー
チキンソース

タンドリーチキン　265 kcal　15分

漬け込んで焼くだけでインド料理の本格味に。トースターを使うから手軽！

材料(2人分)
鶏もも肉………………………1枚(250g)
〈タンドリーチキンソース〉
　プレーンヨーグルト(無糖)
　………………………………大さじ2
　カレー粉………………………小さじ1
　塩………………………………小さじ1/4
　玉ねぎ(すりおろし)…………1/4個
　にんにく(すりおろし)………1/2片
セロリ・ラディッシュ(あれば)
　………………………………各適量
サラダ油…………………………少々

1 鶏肉に下味をつける

鶏肉は5cm大のそぎ切りにし、厚い部分は切り目を入れ、2cm厚さにする。〈タンドリーチキンソース〉の材料をボウルに混ぜ合わせ、鶏肉を入れて手でもみ込んで15分ほど漬ける。

2 焼く

1の漬けだれを軽く落とし、サラダ油をぬった天板に並べてオーブントースターで約10分焼く。途中で裏返し、焦げるようなら上からアルミホイルをかぶせる。

3 つけ合わせを添える

セロリは筋を取り、5mm厚さの斜め切りにする。器に2を盛り、ラディッシュとともに添える。

プレーンヨーグルト(無糖)
2 大

カレー粉
1 小

塩
1/4 小

玉ねぎ(すりおろし)
1/4 個

にんにく(すりおろし)
1/2 片

材料(作りやすい分量)
プレーンヨーグルト(無糖)
　………………………………大さじ2
カレー粉…………………小さじ1
塩…………………………小さじ1/4
玉ねぎ(すりおろし)……1/4個
にんにく(すりおろし)…1/2片
作り方
材料をよく混ぜ合わせる。
特徴
濃厚なヨーグルトソース。

焼きギョウザ

湯を注いだら、バチバチ音がするまで強火でじっくり焼いて。

材料(4人分)

ギョウザの皮	24枚
豚ひき肉	150g
ねぎ	1/3本
にら	1/3束
キャベツの葉	4枚
にんにく	1片

〈ギョウザのたねだれ〉

しょうゆ	大さじ1
砂糖	大さじ1
ごま油	大さじ1
片栗粉	大さじ1
塩・こしょう	各少々
A　しょうゆ・酢・ラー油	各適量
サラダ油	少々

（262 kcal）（40分）

おいしくするコツ

● キャベツはゆでてしっかりと水けを絞ると、具がベチャッとしない。

1 材料の下ごしらえ

ねぎ、にら、にんにくはみじん切りにする。キャベツはゆでて水にとり、みじん切りにしてふきんに包み、水けを絞る。

2 たねを練る

ひき肉に1の野菜、〈ギョウザのたねだれ〉の材料と水大さじ1、塩、こしょうを合わせ、粘りが出るまで手でよく練り混ぜ、30分ほどおいてなじませる。

3 皮に包む

ギョウザの皮1枚を手に取り、2をのせて縁にぐるりと水をつけ、ひだをとりながら口が開かないように包む。

4 焼く

フライパンに薄くサラダ油をひいて3の半量を並べ、中火でうっすら焦げ目がつくまで焼き、水1/4カップを回し入れてふたをし、弱めの中火で4〜5分焼く。水けがなくなってきたらふたをとり、水分がとぶまで焼く。残りも同様に焼いて器に盛り、小皿にAを合わせて添える。

しょうゆ

大 1

砂糖

大 1

ごま油

大 1

片栗粉

大 1

材料(作りやすい分量)

しょうゆ	大さじ1
砂糖	大さじ1
ごま油	大さじ1
片栗粉	大さじ1

作り方
材料をよく混ぜ合わせる。

特徴
下味に片栗粉を使うので、たねに調味料がよくからみ、全体がしっかりまとまる。

下味用 バーベキューソース

トマトケチャップ

2 (大)

中濃ソース

2 (大)

赤ワイン

2 (大)

しょうゆ

1 (大)

砂糖

1 (大)

材料(作りやすい分量)
トマトケチャップ······大さじ2
中濃ソース··········大さじ2
赤ワイン············大さじ2
しょうゆ············大さじ1
砂糖················大さじ1

作り方
材料をよく混ぜ合わせる。

特徴
甘みがあり、香りも芳醇。

スペアリブの バーベキュー風味

 466 kcal 60 分

豪快に網で焼いてかぶりつくのがおいしい！ アウトドアでもぜひ。

材料(4人分)
豚スペアリブ············8本(600g)
塩・こしょう············各少々
にんじん················1/2本
セロリ··················1本
〈バーベキューソース〉
　トマトケチャップ······大さじ2
　中濃ソース············大さじ2
　赤ワイン··············大さじ2
　しょうゆ··············大さじ1
　砂糖··················大さじ1
玉ねぎ··················小1/2個
にんにく················1片

おいしくするコツ

● 玉ねぎをすりおろして加えると、風味が増して肉に漬け汁がからみやすくなる。

1 漬けだれを作る

ポリ袋に〈バーベキューソース〉の材料を合わせ、玉ねぎとにんにくをすりおろして加える。

2 肉を漬け込む

スペアリブに塩、こしょうをふり、1のたれに漬け込む。ポリ袋の上から手でよくもんで、約2時間おく。

3 野菜の下ごしらえ

にんじんは7cm長さ、7mm厚さに切る。セロリは筋を取って、にんじんと同じ大きさに切る。

4 焼く

天板にアルミホイルを敷いて網をのせ、2のスペアリブをのせる。180度に予熱したオーブンで30〜40分じっくり焼いて火を通す。焼き上がる10分ほど前に、肉の間に3の野菜を並べ、一緒にこんがりと焼き上げる。

しょうゆ

大 2

酒

大 2

みりん

大 2

にんにく（すりおろし）

片 1

材料（作りやすい分量）
しょうゆ…………………大さじ2
酒………………………大さじ2
みりん……………………大さじ2
にんにく（すりおろし）……1片
作り方
材料をよく混ぜ合わせる。
特徴
和風の甘辛だれ。焼き肉
やバーベキューなどの肉料
理のもみだれに使用。

ビビンバ丼

炒めた牛ひき肉と、卵と野菜で色鮮やか！ ご飯は焼いて石焼き風に。

材料（4人分）
温かいご飯………………茶碗4杯
牛ひき肉…………………200g
卵…………………………2個
白菜キムチ………………160g
にら………………………1束
にんじん…………………1/2本
もやし……………………1/2袋
〈焼き肉のたれ〉
しょうゆ…………………大さじ2
酒…………………………大さじ2
みりん……………………大さじ2
にんにく（すりおろし）
…………………1片（小さじ2）
塩・ごま油………………各適量
バター……………………大さじ2
サラダ油…………………適量
白いりごま………………小さじ2

525 kcal　**20** 分

1 ひき肉に下味をつける

混ぜ合わせた〈焼き肉のたれ〉をひき肉に手でもみ込み、下味をつける。フライパンにサラダ油大さじ1を熱し、中火でひき肉を炒める。

2 ほかの材料の下ごしらえ

卵を割りほぐし、サラダ油少々でいり卵を作る。キムチは食べやすく切る。にらは4cm長さに、にんじんは4cm長さのせん切りに、もやしはひげ根を取り、サッとゆでてざるに上げて、水けを絞る。それぞれに塩・ごま油各少々を加え、混ぜる。

3 ご飯を焼く

ご飯は1人分ずつラップに包み、器の大きさに合わせて丸く平らに形作る。フライパンを熱し、ラップをはずしてご飯を入れ、中火で両面を軽く焦げ目がつくまで焼き、バターの各1/4量をそれぞれになじませる。

4 盛りつける

3が熱いうちに器に盛り、1、2を彩りよくのせ、白ごまをふる。

春巻きの具だれ

下味用

オイスターソース

1 大

しょうゆ

1 大

酒

1 大

砂糖

1 大

片栗粉

2 小

材料(作りやすい分量)
オイスターソース…… 大さじ1
しょうゆ………… 大さじ1
酒………………… 大さじ1
砂糖……………… 大さじ1
片栗粉…………… 小さじ2

作り方
材料をよく混ぜ合わせる。

特徴
たねにオイスターソースの
うまみを凝縮できる。

揚げ春巻き

 329 kcal　20分

揚げたときに具が出ないようにきっちり包みましょう。

材料(3～4人分)
春巻きの皮………………………10枚
豚ひき肉………………………160g
にら………………………………1/2束
干ししいたけ………………………3枚
春雨(乾燥)………………………30g
〈春巻きの具だれ〉
　オイスターソース……大さじ1
　しょうゆ………………大さじ1
　酒………………………大さじ1
　砂糖……………………大さじ1
　片栗粉…………………小さじ2
塩・こしょう ……………各少々
小麦粉………………………少々
揚げ油………………………適量

おいしくするコツ

● 具は粘りけが出るまで手でよくこねる。
● 春巻きは、揚げるまでは巻き終わりを下にして置いておくと、しっかりとまる。

1 材料の下ごしらえ

干ししいたけは戻して、せん切りにする。にらは4cm長さに切る。春雨は水で戻してサッとゆで、水洗いして水けをきり、3～4つに切る。

2 具に下味をつける

ボウルに1とひき肉を入れてよく混ぜ合わせ、〈春巻きの具だれ〉の材料と塩、こしょうを加えてさらに混ぜ、10等分にする。

3 具を春巻きの皮で包む

小麦粉を同量の水で溶き、のりを作る。春巻きの皮に2を皮の真ん中より少し下にのせる。真下の角を中心に向かって折り、次に右の角を折り込む。

4 巻き終わりを水溶き小麦粉でとめる

右を折ったら、中心に向かって具ごとくるっと回転させ、次に左の角を折り込む。くるくると巻いてきっちり包み、巻き終わりは皮の縁に3ののりをぬってしっかりとめる。

5 揚げる

170度に熱した揚げ油で、4をゆっくりと色よく揚げる。

マヨネーズ

大 **4**

ゆで卵

個 **1**

玉ねぎ（みじん切り）

大 **1**

パセリ（みじん切り）

小 **2**

材料（作りやすい分量）
マヨネーズ……………大さじ4
ゆで卵………………………1個
玉ねぎ（みじん切り）…大さじ1
パセリ（みじん切り）…小さじ2

作り方
ゆで卵も粗いみじん切りにして、全部の材料をよく混ぜる。

特徴
揚げ物やサラダに添える定番。お好みでレモン汁小さじ1/2を加えても。

386 kcal　**30**分　えびフライ

カラリ&ピンと揚げて、タルタルソースをたっぷりかけて。

材料（2人分）

えび………………………大6尾
A｜白ワイン…………大さじ1/2
　｜塩……………………少々
塩・こしょう……………各少々
小麦粉・溶き卵・パン粉……各適量

〈タルタルソース〉
マヨネーズ……………大さじ4
ゆで卵………………………1個
玉ねぎ（みじん切り）………大さじ1
パセリ（みじん切り）………小さじ2
レタス・レモン・
　ラディッシュ（あれば）………各適量
揚げ油………………………適量

同じソースをベースに味変
ゆで卵とトマトの
タルタル

+ピクルスとレモン汁でさわやかに！
円形に盛り、赤・黄・緑の彩りを美しく。

293 kcal　20分

材料(2人分)
ゆで卵……………………………2個
トマト……………………………1個
きゅうりのピクルス……………2本
〈タルタルソース〉(右ページ)………全量
レモン汁……………………小さじ1/2
塩・こしょう……………………各少々
パセリ……………………………適量

作り方
❶ ゆで卵は殻をむいて輪切りにする。
　トマトは薄い輪切りにする。
❷ ピクルスはみじん切りにし、〈タルタ
　ルソース〉の材料と混ぜ合わせ、レ
　モン汁も加える。
❸ 器にゆで卵とトマトを少し重なるよ
　うに交互に並べて円にし、塩、こしょ
　うをふる。
❹ ②をかけて、中央にパセリを飾る。

1
えびの下ごしらえ

えびは尾を残して殻をむき、背ワタを取る。腹に3〜
4本切り目を入れて背を反らせるよう伸ばし、尾の先
を斜めに切って包丁の刃先で水分をしごき出す。Aを
からめておく。

2
ころもをつけて揚げる

1の水けをふき、塩、こしょうをふって、小麦粉、溶
き卵、パン粉の順にころもをつける。170度に熱した
揚げ油で、3分ほどカラリと揚げる。

3
ソースを作る

〈タルタルソース〉のゆで卵は粗いみじん切りにし、ほかの材料と混ぜ合わせる。
器に盛った2にかけ、細切りのレタス、薄切りのラディッシュ、くし形切りのレモ
ンを添える。

おいしくするコツ

● えびの尾をつけたまま揚げるときは、油の中ではねないよう、尾の中の水分を
　残さないように、包丁の刃先でしごき出す。
● ころもをカリッと揚げると、甘みのあるえびとよく合う。
● タルタルソースは揚げ物との相性バツグン！　かき
　フライやチキン南蛮にもたっぷりかけて。

461
kcal

20
分

ポークソテー トマトソース

筋切りしてたたくことで豚肉を縮ませずに、やわらかく仕上げます。

材料(4人分)

豚ロース厚切り肉⋯⋯⋯⋯⋯4枚

A | にんにく(すりおろし)・
　　　塩・こしょう⋯⋯⋯⋯各少々

小麦粉⋯⋯⋯⋯⋯⋯⋯⋯⋯適量
白ワイン⋯⋯⋯⋯⋯⋯⋯大さじ2
ピーマン⋯⋯⋯⋯⋯⋯⋯⋯2個
ホールコーン缶⋯⋯⋯⋯1缶(100g)

〈トマトソース〉

トマトケチャップ⋯⋯⋯⋯大さじ3
白ワイン⋯⋯⋯⋯⋯⋯⋯大さじ2
ウスターソース⋯⋯⋯⋯大さじ1
にんにく(すりおろし)⋯⋯小さじ1
塩・こしょう⋯⋯⋯⋯⋯各適量
バター⋯⋯⋯⋯⋯⋯⋯⋯大さじ1
サラダ油⋯⋯⋯⋯⋯⋯⋯小さじ2

トマトケチャップ

大 **3**

白ワイン

大 **2**

ウスターソース

大 **1**

にんにく(すりおろし)

小 **1**

材料(作りやすい分量)
トマトケチャップ⋯⋯ 大さじ3
白ワイン⋯⋯⋯⋯⋯ 大さじ2
ウスターソース⋯⋯ 大さじ1
にんにく(すりおろし)⋯ 小さじ1
作り方
材料をよく混ぜ合わせる。
特徴
ソテーした肉や魚にかける
と、甘酸っぱくておいしい
ソース。見栄えもよくなる。

ポークソテー マスタードソース

生クリーム入りのリッチなソースで
豚肉の味がグッと引き立ちます。

647 kcal

25 分

材料(4人分)

豚ロース厚切り肉		4枚
A	にんにく(すりおろし)・	
	塩・こしょう	各少々
小麦粉		適量
白ワイン		大さじ2
じゃがいも		3個
塩		少々
〈マスタードソース〉		
	生クリーム	1/2カップ
	粒マスタード	40g
サラダ油		小さじ2
揚げ油		適量

作り方

❶ つけ合わせのじゃがいもは3mm厚さ
の薄切りにし、3mm幅の棒状に切る。
180度の揚げ油できつね色に素揚げ
し、軽く塩をふる。

❷ 豚肉は右記「ポークソテー トマト
ソース」の手順1・2と同様に焼いて、
器に盛る。

❸ 肉を焼いたフライパンに、生クリー
ムと粒マスタードを加えて中火で煮
つめる。とろみがついたら②の豚肉
にかける。

❹ ①のじゃがいもを③に添える。

1

材料の下ごしらえ

豚肉は筋切りをし、肉たたきなどでたたいて形を整
える。Aで下味をつけ、4〜5分おいて味をなじませて
から、薄く小麦粉をまぶし、余分な粉をはたき落とす。

2

豚肉を焼く

フライパンにサラダ油を熱し、盛りつけたときに上
になるほうから強火で2分焼いて裏返す。さらに1〜2
分焼いて、両面に焼き色をつける。白ワインをふり、
ふたをして中火でさらに4〜5分蒸し焼きにし、ふた
をとって汁けをとばし、器に盛る。

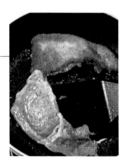

3

ソースを作る

同じフライパンに〈トマトソース〉の材料を加え、肉汁をこそげ落としながら、強
火でトロリとするまで煮つめる。仕上げに塩・こしょう各少々で調味して、2にか
ける。

4

つけ合わせを焼く

ピーマンは種とワタを除いて輪切りにし、缶汁をきったコーンとともに中火でバ
ターで炒め、塩・こしょう各少々で調味して3に添える。

おいしくするコツ

● 豚ロース厚切り肉は、ポークソテーやトンカツに適
した厚切り。筋切りをして縮むのを防いだり、全体
をたたいてやわらかくするなどの下ごしらえをす
る。筋切りは、豚肉の赤身と脂身の間に包丁で縦に
4〜5か所切り目を入れること。これで加熱したとき
反り返らず、平らに仕上がる。

● うまみを逃さないよう、豚肉全体に薄く小麦粉をま
ぶしつける。

揚げ肉だんごの甘酢あんかけ

一度揚げるから、肉だんごがくずれません。鍋中であんをからませて。

材料(2人分)

豚ひき肉	200g
A 卵	1個
ねぎ(みじん切り)	大さじ1
しょうが(みじん切り)	小さじ2
片栗粉・しょうゆ・砂糖	各小さじ1
塩	小さじ1/3
こしょう	少々
水	大さじ3

〈甘酢あん〉

中華スープ	1/2カップ
しょうゆ	大さじ1
砂糖	大さじ1
酢	大さじ1
片栗粉	小さじ2
ごま油	少々
揚げ油	適量

497 kcal　30 分

1 肉だねを練る

ボウルにひき肉、Aを入れ、粘りが出るまでよく練り混ぜ、2cm大のだんご状に丸める。

2 揚げる

揚げ油を170度に熱し、1の肉だんごを入れ、ときどき転がしながらきつね色になるまで揚げる。揚げバットなどに上げて油をきる。

3 たれをからめる

鍋に〈甘酢あん〉の材料を入れて混ぜながら中火にかける。煮立ってとろみがついたら火を弱め、2の肉だんごとごま油を加えて大きく混ぜて、全体にからめる。

おいしくするコツ

● 肉だんごはたねに水を加えて練るので、ふっくら揚がる。

甘酢あん
かけだれ用

中華スープ

C 1/2

しょうゆ

大 1

砂糖

大 1

酢

大 1

片栗粉

小 2

材料(作りやすい分量)

中華スープ 1/2カップ
しょうゆ・砂糖・酢 各大さじ1
片栗粉 小さじ2

作り方
鍋に材料を入れて混ぜ合わせながら中火にかけ、とろみをつける。

特徴
具によくからむ甘辛だれ。

かけだれ用

中華あん

中華スープ

2 ©C

オイスターソース

1/2 大

しょうゆ

1/2 大

砂糖

1/2 大

片栗粉

2 大

材料(作りやすい分量)
中華スープ……………2カップ
オイスターソース……大さじ1/2
しょうゆ……………大さじ1/2
砂糖………………大さじ1/2
片栗粉………………大さじ2

作り方
材料をよく混ぜ合わせて
おき、具材と一緒に加熱し
て味つけし、中華焼きそば
にかける。

特徴
多彩な具材をまとめるしっ
かり味。

五目あんかけ焼きそば

557 kcal　　25 分

めんによくからむよう、具だくさんのあんはゆるめに作ります。

材料(2人分)
焼きそば用中華めん…………2玉
むきえび…………………………6尾
ほたて貝柱………………………4個
いかの胴………………………40g
A｜酒………………………大さじ1/2
　｜塩…………………………少々
　｜片栗粉……………………小さじ1
にんじん…………………………30g
にんにくの芽……………………3本
生しいたけ………………………2個
マッシュルーム(缶詰)…………3個
〈中華あん〉
　中華スープ…………………2カップ
　オイスターソース……大さじ1/2
　しょうゆ………………大さじ1/2
　砂糖……………………大さじ1/2
　片栗粉…………………大さじ2
サラダ油……………………大さじ2

1 魚介の下ごしらえ

えびは塩少々(分量外)でもみ、水で洗
う。ほたて貝柱は1個を2～3つに薄く
切る。いかは格子の切り目を入れ、
そぎ切りにする。ボウルに合わせて、
Aをからめてサッとゆでる。

2 ほかの材料の下ごしらえ

にんじんは短冊切りに、にんにくの芽は1.5cm長さに、生し
いたけはそぎ切りに、マッシュルームは半分に切る。

3 めんを炒める

フライパンにサラダ油大さじ1を強火で熱し、中華めんを
きつね色にパリパリに炒めて器に取り出す。

4 具を炒めてたれをからめる

同じフライパンにサラダ油大さじ1を熱し、2を強火で手早
く炒め、1も加えてサッと炒める。混ぜ合わせておいた〈中
華あん〉を加えてとろみがついたら3にかける。

親子丼

鶏肉は火が通りやすいようそぎ切りに。卵も多めでふっくらと。

材料(2人分)
温かいご飯……………茶碗2杯
鶏もも肉…………………160g
玉ねぎ…………………1/4個
みつ葉……………………1束
卵…………………………3個
〈親子丼のつゆ〉
　だし汁……………1/2カップ
　しょうゆ……………大さじ2
　みりん………………大さじ2

 573 kcal　 15 分

1 材料の下ごしらえ

鶏肉は薄いそぎ切りにする。玉ねぎは1cm幅のくし形に切る。みつ葉は3〜4cm長さに切る。〈親子丼のつゆ〉の材料はボウルに合わせておく。別のボウルに卵を割りほぐす。

2 具材を煮る

1人分ずつ作る。親子鍋(なければ小さめのフライパン)に1の〈親子丼のつゆ〉の半量を入れて中火で熱し、玉ねぎの半量を入れて2〜3分煮る。鶏肉も半量を広げて加え、火が通ったらみつ葉の半量を加える。

3 卵でとじる

1の卵液の半量を、2の鍋の中央から外側に向かってぐるりと円を描くように流し入れる。10秒ほどふたをし、半熟にして火を止める。丼に盛ったご飯にのせ、残りも同様に作る。

おいしくするコツ

● 鶏肉をそぎ切りにすることで、火が通りやすくなり、煮汁も煮つまらない。
● 卵を入れたらふたをして蒸し、素早く半熟にする。

だし汁
c 1/2

しょうゆ
大 2

みりん
大 2

材料(作りやすい分量)
だし汁………………1/2カップ
しょうゆ………………大さじ2
みりん…………………大さじ2

作り方
鍋に材料を入れて火にかけ、親子丼の具を加えて煮る。

特徴
だし汁入りでほのかに甘いやさしい味。お好みで、具に干ししいたけ2枚を水で戻して薄切りにして加えると、さらにだしのうまみがアップする。

牛丼のつゆ

丼つゆ用

だし汁

1 c

しょうゆ

3 大

酒

2 大

みりん

2 大

砂糖

2 大

材料（作りやすい分量）
だし汁·················1カップ
しょうゆ················大さじ3
酒······················大さじ2
みりん··················大さじ2
砂糖····················大さじ2

作り方
鍋に材料を入れて火にか
け、牛丼の具を加えて煮る。

特徴
牛肉に合う濃いめの味つけ。

牛丼 473 kcal 15 分

お肉と玉ねぎのうまみを豆腐がたっぷりと吸った、家庭ならではの深い味わい！

材料（4人分）
温かいご飯················茶碗4杯
牛こま切れ肉················200g
玉ねぎ························1個
木綿豆腐····················1/2丁
ねぎ··························1本
みつ葉························適量
〈牛丼のつゆ〉
　だし汁······················1カップ
　しょうゆ····················大さじ3
　酒··························大さじ2
　みりん······················大さじ2
　砂糖························大さじ2

1 材料の下ごしらえ

玉ねぎは薄切り、ねぎは斜め薄切りにする。豆腐はキッチンペーパーで包んで電子レンジで2分加熱して水きりをし、1.5cm角に切る。

2 具材を煮る

牛肉をゆでる。鍋に中火で湯を沸かして牛肉を入れ、再び沸騰したらざるに上げる。鍋を洗って〈牛丼のつゆ〉の材料を入れて中火で熱し、煮立ったら牛肉、玉ねぎ、豆腐、ねぎを加える。ときどき煮汁を全体に回しかけながら弱火で10分ほど煮る。最後に強火にして全体をサッとからめる。

3 丼に盛る

丼にご飯を盛り、2を汁ごとかけて、みつ葉を飾る。

人気料理の
黄金比味つけ150

STAFF
デザイン・制作／regia
新規撮影／石倉ヒロユキ
カロリー計算／羽鳥明弓
進行／青池まきこ
編集／泊出紀子
校閲／滄流社

編集人　泊出紀子
発行人　倉次辰男
発行所　株式会社主婦と生活社
〒104-8357 東京都中央区京橋3-5-7
TEL 03-3563-5129（編集部）
TEL 03-3563-5121（販売部）
TEL 03-3563-5125（生産部）
https://www.shufu.co.jp
印刷所　大日本印刷株式会社
製本所　小泉製本株式会社
ISBN978-4-391-15965-3

＊本書は『今日作りたくなる！人気おかずベスト300』『カロリー献立つき！今日のおかずベスト365』（ともに小社刊）から読者に人気の高かった料理を厳選し、レシピ材料のたれやソースを黄金比率ごとにまとめて再編集・書籍化したものです。